お金持ちになるためのバフェット入門

巴菲特
投資攻略圖解

實踐巴菲特投資法的最佳入門

三原淳雄——著　蕭仁志——譯

CONTENTS

CHAPTER 4　從數字找出巴菲特概念股的方法

CHAPTER 6　實踐巴菲特投資法

想擁有巴菲特的投資魔法，從這本書開始！

梁碧霞｜投資名家、分析師

在台灣，介紹華倫·巴菲特的書籍不下百本，這麼多人都在研究巴菲特的同時，我要把這本《巴菲特投資攻略圖解》推薦給你，作為進入投資領域的第一本書。

之所以希望這是一本你必備的投資書，有幾個原因：

1　投資是先研究人，再研究投資標的。 當我們在分析企業價值高低時，一定是先從該公司的領導者開始研究起。人的價值觀、品行、領導策略、創造的企業文化才是價值的源頭，當然這也是股價高低漲跌的靠山。人對了，才有可能把事情做對；人錯了，對的事情也會做錯。

2 研究巴菲特，是你認識投資界的第一人。巴菲特是投資業界翹楚，他奉行簡單投資哲學，不與華爾街的人打交道，用很簡單的算術公式就能應付龐大複雜的投資怪獸，巴菲特真是神人！他長年盤踞世界首富前茅，但始終過著簡單生活，並且持續捐款給蓋茲基金會等慈善機構，他的清儉價值觀，我們得帶著崇拜的眼神及語氣說：巴菲特是神，不是人！

3 這是一本可以學以致用的好書。《巴菲特投資攻略圖解》這本書架構清楚，先從影響巴菲特的三位智者談起，然後再導入巴菲特的投資哲學，最後再說明他如何選股，注重哪些選股指標，著實感動了征戰投資多年的我。

4 這本書相當容易閱讀，讀來令人愉悅。這是很重要的優點。書中列出了很多思考流程、很多漫畫，例如，巴菲特主要的投資都在大街上，為了表達這句話，書裡就畫出巴菲特散步在街上，兩側商店有銀行、保險、家具賣場、糖果店等等，因為巴菲特的確投資了富國銀行、高盛集團。

想擁有巴菲特的投資神奇魔法嗎？先從這本書開始吧！

我要特別叮嚀的是，看完別丟，一定要珍藏。隨著時光

推移，智慧增長，未來當你重讀這本書時，你會驚奇地發覺，書中的每句話都是如此有智慧。我們會犯的錯，巴菲特早就告訴我們了！

　　遇到好書，樂之為序！

滾雪球，必須先找到濕的雪和長長的山坡

鍾文榮｜經濟學作家、資深分析師

很多人一聽到「股神」這個稱號，直覺就想到是華倫·巴菲特。名列 2022 年《富比士》全球富豪榜第五大富豪，淨資產達到 1,180 億美元，沒錯，巴菲特的資產大部分就是來自股票。

然而，認真來說，巴菲特本人的投資方法非常簡單，沒有大家熟知的技術分析，或者是大量依靠統計工具來發掘買點，甚至帶點所謂的「街頭智慧」。

巴菲特在自傳《雪球》（*The Snowball: Warren Buffett and the Business of Life*）中說道：「人生就像雪球。重要的是要找到濕的雪，和一道長長的山坡。」

從這句話來看，累積財富的做法只有找到「濕的雪」和「長山坡」，然後想辦法弄個「小雪球」，讓它滾下去，自然而然就會像滾雪球般累積財富。

巴菲特投資的重點就在於怎麼找到「濕的雪」，**他依靠「價值投資理論」，專門尋找價格被低估的股票，然後靠長期持有的「長山坡」，滾出巨大的財富。這是一個簡單的法則，卻是不容易實踐的法則。**

至於如何辨識一家價值被低估的公司，就必須具備異於常人的眼光，這中間，掌握的就是資訊與趨勢——看到不為人知的隱性資訊，清楚到可以勾勒出未來遠景，就可以找到獲利與致富的基礎。

巴菲特的投資觀點迥異於一些靠艱澀的數學理論算股的經濟學家。在量化分析方面，他重視一家公司的股東權益報酬率、營業利益率和現金流量，然後發掘企業價值被低估的股票。

在質化分析方面，必須知道投資標的公司是簡單易懂的事業，能夠穩定創造利潤、未來展望看好，而經營者是個理性思考的人，還能夠誠實地面對股東並戰勝模仿的誘惑。

簡而言之，巴菲特的投資法還是有很多的「眉眉角角」，而獲利的來源就是在這些細節當中。

　　那些在股海出沒的經濟學家與分析師，許多都是靠一些經濟和統計等計量工具幫助他們猜測股價。但我總是不太相信那些靠過去的數據資料演算出未來股價的技術分析手法。如果只要坐在辦公室，分析過去的種種營運數字，就可以得知未來的股價，股價早就很有效率地表現出來了。簡單來說，不會有人是贏家，因為玩家們所知的資訊差異不大。

　　經濟學有個知名的笑話談的就是效率市場的概念。一位老教授和年輕教授走在街上，年輕教授提醒老教授地上有張5元紙鈔，但老教授不為所動地說：「如果有5元掉在路上，老早就被人撿走了，不會等到被你撿到。」

　　在效率市場中很難當個贏家，有些經濟學家支持這個理論，但也有人反對，這是經濟學界的特色，正反論點都可以成立並得到支持，甚至還能夠「同時得獎」。

　　2013 年諾貝爾經濟學獎得主之一是芝加哥大學的尤金・法馬（Eugene Fama），他因為研究出股票的真正價值在短期內極難預測而獲獎。他的研究證明，短期股價會隨時迅

速受到新訊息的影響而浮動，所以尤金・法馬認為，股市是效率市場，股價已經反映訊息了，因此短期股價難以預期。

但也有人反對。另一位獲獎者是羅伯・席勒（Robert J. Shiller），他從心理學和行為科學的角度，指出股價的評估其實並不那麼理性，股價當然也不會是資訊的合理反映。我們可以從另一個角度觀之，如果短期股價不容易預期，而長期股價又非全然理性的話，這當中一定存有獲利空間，這不就和巴菲特的投資法則不謀而合了嗎？

從尤金・法馬與羅伯・席勒的觀點，股價究竟能否被計算出來，看法是兩極的。但經濟學家的理論是否能夠讓投資人持盈保泰？恐怕也不盡然如此。

諾貝爾經濟學獎得主羅伯特・默頓（Robert C. Merton）和邁倫・修爾斯（Myron S. Scholes）在 1997 年成立的長期資本管理公司（Long-Term Capital Management L.P., LTCM），是一個投機性避險基金，1998 年俄羅斯金融危機後，在不到四個月的時間裡造成了 46 億美元的巨大虧損，最後在 2000 年初宣告倒閉。

因此，經濟學家們努力在數據中建構理論模型找答案所

得到的智慧，有時候可能不如一個在華爾街開計程車的司機的智慧，這就是很多人對經濟學家的調侃。我也常說，經濟學家如果會算股的話，大概也不用在大學當教授了。

我倒是認為，股市中從來沒有所謂的明牌，即使有，也不會有人願意公開。更積極一點的說法是，股市要是有明牌，很多人都會去追逐這個明牌，在股市裡殺進殺出，如此一來，企業主不是配合演出，不然就乾脆不上市，因為股市已經失去支持企業的基礎了。

所以，**股市裡不會有明牌，唯一的明牌就是能夠深知企業本身的價值。**獨具慧眼才能識英雄，這就是巴菲特要告訴我們的道理。簡單來說，就是不做自己沒把握的事。巴菲特認為，除非自己對於要投資的這家公司非常了解，也就是已經深知這家企業本身的價值，在價格低檔時他才會出手，而且一出手就是長期持有，絕不做短線的投資。

坊間有很多書談巴菲特的投資法則，有的太過淺顯，有的則詮釋得太過深奧難懂，本書的作者三原淳雄用很簡單的文字加上圖解方式，清楚地詮釋巴菲特的價值投資法則，讓讀者可以清晰地得知巴菲特的投資原則和選股策略。當然，在師父領進門之後，財富的累積，那就是修行看個人了！

前　言

投資越早起步，
收穫的果實將越大、越甜

　　很多人對華倫‧巴菲特（Warren Buffett）的盛名都有所耳聞，他不僅被譽為世界首屈一指的投資家，更是知名投資公司波克夏海瑟威（Berkshire Hathaway）的董事長。從 100 美元開始投入股市，到擁有 1,180 億美元資產的億萬富豪，巴菲特簡直是股票投資界的超級巨星。

　　如此了不起的巴菲特在 1970 年代其實還默默無聞。當時，我的友人岩崎日出俊正在史丹佛大學留學，他說那時候校方經常邀請巴菲特擔任客座講師，但學生們對巴菲特的投資法則都有點半信半疑，甚至有人質疑：「波克夏的股價 70 美元會不會太高了點？」可是，現在波克夏的股價早已超越 10 萬美元，也就是說漲了一千倍以上。

話雖如此，當時我對巴菲特的大名也是有眼不識泰山。不僅如此，我在留學美國西北大學商學院之際，偶然選修了讓年輕時期的巴菲特受到相當大影響的證券分析課程，卻也只覺得那不過是相當普通的理論罷了。要是我當時能夠好好實踐那個理論，現在應該可以累積不少資產才對。

　　我現在之所以大力推廣巴菲特的投資哲學，就是希望各位不要像我一樣悔不當初。

　　巴菲特投資法的可貴之處就在於忠實履行平凡無奇之事，雖然他的每一個思考邏輯都極為簡單，組合起來卻能架構出一套自成一格的投資法則。對於那些有志以投資來增加自身財富的投資人而言，可供參考之處是不勝枚舉。

　　最近日本相當流行當日沖銷的短線操作手法，但是我個人認為，投資股票如種果樹，如果不花費一定時間栽培，就無法獲得甜美的果實。短線操作就如同將成長中的果樹攔腰砍斷。一般人對於股票的想法未臻成熟，才會連如此顯而易見的投資法則都無法理解。

　　反過來看，如果能夠正確理解股票投資的本質，股市裡其實蘊藏了許多讓資產大幅增值的潛在機會。

在這個競爭激烈的時代求生存的年輕人，最好盡早理解巴菲特的投資法則。越早起步，未來收穫的果實就越大、越甜。

在這個時代，考量到將來的生活，我們無法仰賴年金，更不可能奢望收入提升。因此，為了追求財富的累積，將希望寄予股市也是很自然的決定。即使在景氣低迷的時代裡，必然也存在著價值不斷成長的公司，藉由股票的形式，我們可以擁有這類公司的一部分，或許就能使我們的人生更加豐裕。

舉例來說，假使你有成立兒童管弦樂團、從事慈善事業或開設美術館等了不起的夢想，別因為經費不足就輕言放棄。有一個方法可以幫助你實現夢想，只要設法找出第二個波克夏海瑟威、第二個微軟、第二個 Sony，購買這些公司的股票，也許就能讓你獲得意想不到的成果。

巴菲特的想法是先有夢想，為了實現這些夢想才投入股票市場；與其說是利用股市賺錢，不如說是藉由股市來圓夢。

衷心期盼各位也能透過實踐巴菲特的投資法則，朝著實現夢想的目標一步步邁進。

CHAPTER I
巴菲特就這樣成了富豪

華倫‧巴菲特是
什麼樣的投資家？

▌世界排名第五的大富豪

美國商業雜誌《富比士》（*Forbes*）每年都會公布「全球富豪榜」，巴菲特經常榜上有名。在 2022 年的排行中，巴菲特名列第五，淨資產高達 1,180 億美元。

多數富豪都是透過繼承獲得龐大資產，巴菲特卻是從區區 100 美元開始白手起家。而且，與微軟的比爾‧蓋茲（Bill Gates）、戴爾電腦的麥可‧戴爾（Michael Dell）、甲骨文公司的賴瑞‧艾利森（Larry Ellison）這些創業家不同的是，**他是靠股票投資就累積如此龐大的財富，這才令人嘖嘖稱奇。**

2022 年《富比士》全球十大富豪

排名	姓名	資產淨值（美元）	國籍	財富來源
1	伊隆·馬斯克 Elon Musk	2,190 億	美國	特斯拉、SpaceX
2	傑夫·貝佐斯 Jeff Bezos	1,770 億	美國	亞馬遜
3	貝爾納·阿爾諾家族 Bernard Arnault & family	1,580 億	法國	路易威登
4	比爾·蓋茲 Bill Gates	1,290 億	美國	微軟
5	華倫·巴菲特 Warren Buffett	1,180 億	美國	波克夏海瑟威
6	賴利·佩吉 Larry Page	1,110 億	美國	Alphabet Inc.
7	謝爾蓋·布林 Sergey Brin	1,070 億	美國	Alphabet Inc.
8	賴瑞·艾利森 Larry Ellison	1,060 億	美國	甲骨文
9	史蒂夫·巴爾默 Steve Ballmer	914 億	美國	微軟
10	穆克什·安巴尼 Mukesh Ambani	907 億	印度	信實工業

巴菲特一輩子與股市脫離不了關係,初期以合夥方式投資股票,之後再將公司整個收購下來,這個方法讓他能持續不斷地賺取高額利潤。

　　為了更進一步了解巴菲特,讓我們簡單地回顧他的成長過程。

▋ 出生於股市大崩盤時代

　　1930 年 8 月 30 日,巴菲特出生於美國內布拉斯加州的小城奧馬哈。在三個孩子中排行老二的他,從小便對數字及貨幣有著極度濃厚的興趣。

　　他這樣的個性應該是像父親吧。巴菲特的父親曾經服務於證券公司,但公司在巴菲特出生後沒多久倒閉了,憑著證券人員的專業與創業家的精神,父親與友人合夥創立一家小型證券公司。巴菲特雖然沒有繼承到父親遺留下來的財產,卻從父親那裡學到許多成為富豪必備的知識。

　　就在巴菲特出生的前一年,美國剛好發生所謂「黑色星

期四」*的股市大崩盤。（巴菲特曾經自嘲之所以會在那年出生，完全是因為「股市崩盤，父親閒得沒事做」，展現出他幽默風趣的一面。）他的人生就是從大蕭條時期開始，隨著美國股市的發展，逐漸步上富豪之路。

市場的存在，讓巴菲特得以從事股票投資，巴菲特也對此心存感激地享受著人生。當然，巴菲特也藉此獲得不少利益，但賺錢始終不是他人生的目的，證據就在於他到現在仍然住在新婚時購買的簡樸房宅，也沒有開著高級跑車到處兜風的嗜好。巴菲特也經常說：「如果我死了，希望將絕大多數財產捐贈出去。因為對我而言，能夠與股票市場相知相遇，就已經是一生中最大的幸福！」

▋ 11 歲就開始接觸股票投資

巴菲特早在 6 歲時，就已經開始學習如何做生意了。當

---

* 「黑色星期四」指 1929 年 10 月 24 日（星期四）發生的華爾街股市大崩盤事件。

時，他從祖父經營的雜貨店以 25 美分買進六瓶可口可樂，然後以每瓶 5 美分的售價零賣，賺取自己的零用錢。

在暑假的炎炎夏日裡，同年齡的小孩都在玩，巴菲特卻不辭汗流浹背的辛勞，挨家挨戶拜訪推銷。到府推銷這種連大人都覺得不輕鬆的差事，巴菲特卻很得意地笑著說：「如果可以賣出六瓶，那我就有 5 美分的零用錢啦！」

未來的億萬富豪，似乎在小時候就已經具有倍於常人的機智了。

━━━━━━━

巴菲特首次買進股票是在 11 歲的時候，當時，他在父親的證券公司幫忙板書記錄的工作。現在我們可以透過電腦螢幕看到股價變動，但在當時得有人寫在黑板上。巴菲特就在記錄股價變動的過程中，心生靈感，覺得自己也應該嘗試看看。

於是，他將所有儲蓄投入買進 Cities Services 公司的股票。當時他以 38 美元買進，雖然曾經一度跌到 27 美元，可是沒多久就迅速回漲到 40 美元，巴菲特便立刻賣出，嘗

巴菲特成為富豪的經歷

1930 年	0 歲	出生於內布拉斯加州的小城奧馬哈。從小便對數字和貨幣有著濃厚的興趣
	11 歲	在父親的證券公司記錄股價。第一次開始買進股票，賺得微薄的利潤
	19 歲	進入哥倫比亞大學商學院，跟隨價值投資大師葛拉漢學習投資理論
1956 年	25 歲	募得親友出資，開始投資合夥事業，往後 13 年間，平均每年以 30% 的增幅累積資產
1969 年	39 歲	解散投資合夥公司，取得波克夏海瑟威公司股份，翌年擔任董事長
1988 年	58 歲	投入 10 億美元買可口可樂公司股票，取得 8% 股權
1993 年	63 歲	成為《富比士》雜誌全球富豪榜首富
2001 年	71 歲	因發生多起恐怖攻擊事件，紐約股市暫時停止交易時，致力於恢復市場機制，宣布「不會拋售持股，此時反而應逢低買進」
2006 年	76 歲	捐贈資產的 85% 給蓋茲基金會等慈善機構，創下美國個人捐贈金額最高的紀錄
2011 年	81 歲	獲頒象徵美國最高平民榮譽的自由勳章

到生平第一次股票投資獲利的美好果實。

　　然而，之後 Cities Services 公司的股價仍然不斷飆升，數年之後，達到 200 美元的天價。在這次的投資經驗中，巴菲特學到了股票投資必須要耐心等待的教訓。

▎不放過任何可能的商機

　　此後，巴菲特開始廣泛接觸各式各樣的商業活動。

　　他在派送《華盛頓郵報》（*The Washington Post*）時，也充分發揮他與生俱來的生意頭腦。當時他也同時接受其他報社的委託送報，一旦訂戶取消訂閱《華盛頓郵報》，他就會馬上向訂戶推銷其他報紙。他想到，這樣的做法能取得的訂閱機會，會比只處理一家報紙要高出許多。

　　此外，他也集合附近的小孩，一起蒐集舊高爾夫球，再便宜轉售出去。巴菲特以販賣高爾夫球賺得的錢為資本，買下四十公畝的農地，甚至發展出租農地的不動產生意，以賺取租金為目的。

讓巴菲特印象深刻的，還有高中時經營的彈珠台生意。當時，全新的彈珠台相當昂貴，要價 300 美元。巴菲特和朋友兩人合資，以 25 美元的低價收購中古機台，整修得煥然一新之後，再轉租給理髮店。後來這個租賃生意漸上軌道，在顛峰時期有七部彈珠台同時出租，光是租金每週就淨賺 50 美元。

當時，他們兩人精心構思的公司名稱是「威爾森彈珠機台公司」，威爾森完全是為了博得信賴而虛構的人名，當理髮店的負責人要求進新的機台時，便能有充分藉口推託：「我們會跟威爾森先生討論看看。」

▌ 與葛拉漢的相遇

巴菲特在內布拉斯加大學念四年級時，偶然拜讀了班傑明・葛拉漢（Benjamin Graham）的大作《智慧型股票投資人》（*The Intelligent Investor*）。在這本影響巴菲特投資哲學相當深遠的著作中，葛拉漢提及：

聰明的投資人不該因股價的波動而分心，而是要專

注在企業價值。透過分析企業價值，便能買進相對
便宜的股票。

受到這本書極大影響的巴菲特隨即申請進入哥倫比亞大
學商學院，在葛拉漢門下鑽研投資理論。這時他所學到的理
論，奠下了日後巴菲特「價值型投資」的重要基礎。

巴菲特相當尊崇恩師葛拉漢，所以對葛拉漢擔任董事長
的蓋可汽車保險公司（GEICO）相當感興趣，經常利用週末
拜訪這家總部位於華盛頓的保險公司。還曾經在沒有事先預
約的情況下，貿然拜訪在假日加班的財務副總，就事業內容
及保險的整體運作架構，例如「公司如何提升獲利」、「和
競爭對手相較之下，具有哪些優勢」、「未來繼續成長的展
望如何」等，持續長達四小時的訪談。

蓋可公司的特色在於，採行完全屏除中間代理商的制
度，將節省的中間成本回饋給顧客。訪談結束之後，巴菲特
認為這家公司相當值得投資，便將當時的全部家當一萬美元
投入買進蓋可公司的股票。

巴菲特到現在仍然奉行「只買自己了解的公司的股票」
這項原則，應該可以說從那時候就奠定了穩固的基礎吧！

葛拉漢的投資方法

葛拉漢認為，只要找到相對便宜的股票，
就可以保本，同時獲得合理的利潤

 為了做到這點，必須……

詳細分析及研究企業的真正價值！

· 財務健全性　　　· 收益成長率
· 股利分配的實績　· 本益比（PER）
· 收益穩定性　　　· 股價淨值比（PBR）

從企業財務資料中，客觀審視這類數據

 接著……

大幅投資股價低於實際價值的企業！

葛拉漢對成長股的
投資較為消極

資料來源：《智慧型股票投資人》

02 巴菲特如何讓資產增加？

▌ 從 100 美元開始的投資合夥事業

　　巴菲特從哥倫比亞大學商學院畢業後，曾經在葛拉漢的基金公司實習了兩年，之後他回到故鄉奧馬哈，以身上僅有的 100 美元開始他的投資合夥事業。

　　投資合夥在美國是相當盛行的集體投資方式。巴菲特集結了親朋好友七位合夥人的資金 10 萬 5,000 美元，擔任合夥人代表，開始進行資金的管理與操作，連辦公室、祕書都沒有，完全從零開始出發。

　　當他在 13 年後解散這個投資合夥事業時，各位可以想

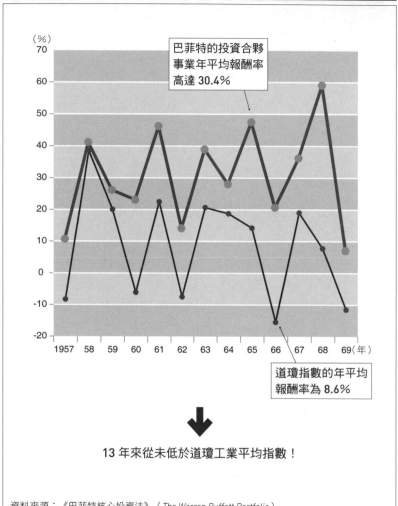

巴菲特的投資合夥事業 vs 道瓊工業平均指數

（%）

巴菲特的投資合夥
事業年平均報酬率
高達 30.4%

道瓊指數的年平均
報酬率為 8.6%

13 年來從未低於道瓊工業平均指數！

資料來源：《巴菲特核心投資法》（The Warren Buffett Portfolio）

像其資產已經達到多大規模了嗎？

　　投資合夥事業的可運用資產已經膨脹到 1 億 5,000 萬美元，而巴菲特在這段期間得到的管理報酬則高達 2,500 萬美元。巴菲特的投資合夥事業的績效，如果以年平均報酬率來計算，高達 30.4％，期間甚至從未低於美國最具代表性的股價指數——道瓊工業平均指數的表現。

　　也就是說，假設你將 100 萬元投入股市，以年報酬率 30.4％持續持有，13 年後，你將可以回收約 3,152 萬元！相信各位可以實際感受到，這個投資合夥事業的績效有多麼了不起了吧。

　　事實上，耳聞這個投資合夥事業的績效，希望將自己的錢委由巴菲特管理的投資人絡繹不絕，只不過，巴菲特以值得投資的公司已經不多為由，在 1969 年解散了這個投資合夥事業。

▋ 成為波克夏的董事長

之後，巴菲特開始介入波克夏海瑟威這家纖維公司的經營。

巴菲特的投資合夥事業原本就持有波克夏超過半數的股權，在投資合夥事業解散之後，巴菲特就以個人名義接手股份，並且在隔年 1970 年擔任波克夏的董事長。

在巴菲特開始接手經營時，波克夏的本業，也就是纖維事業已經面臨利潤難以提升的瓶頸。由於纖維產品已經成為大宗商品，公司的產品難以抵禦國外廠商製造的低價商品，因此，巴菲特在試圖重振纖維事業的同時，也開始收購多家公司的股票，打算將波克夏轉型成為投資公司。

其實，波克夏可供投資運用的資金並非十分充足，但由此正可以看出巴菲特的厲害之處。他把投資保險等事業的獲利拿來收購其他事業，也就是說，先投資穩定獲益的公司，再將獲得的利潤投資在可以創造更大收益的公司。

巴菲特並不會因為收購其他公司，就介入干涉這家公司

的經營權，他和持有少數股權的一般投資大眾其實沒什麼不同。原因就在於，**他只投資自己信得過的經營者的公司，而這正是巴菲特投資哲學的最大特色。**

當他於 1973 年成為《華盛頓郵報》的最大股東時，曾經寫信給發行人凱薩琳・葛蘭姆（Katharine Graham），內容如下：

《華盛頓郵報》屬於葛蘭姆家族，因此我認為，應該由葛蘭姆家族來經營才對。對我而言，這樣的組合才是最完美的。

不僅是對《華盛頓郵報》抱有這樣的心態，他在投資可口可樂、吉列等其他公司時，也都是一貫的做法。

在巴菲特聲名大噪的今天，如果公司股票被波克夏點名買進，對公司的經營者而言簡直就是至高無上的光榮，這也可見巴菲特有多麼受世人尊敬。

波克夏的股價由 6 美元飆漲至 10 萬美元

波克夏的股價由 1962 年的僅僅 6 美元，到 2007 年已經超過 10 萬美元。算起來，在 45 年間漲了一萬倍以上。就淨資產（股東權益）來看，巴菲特身為最大股東的當時僅有 2,200 萬美元，但是到了 2005 年底，已經暴增至 914 億美元。

所謂的「淨資產」就是企業的全部資產扣除負債（借款）之後的實際資產。巴菲特是以「每股淨值」（淨資產 ÷ 總發行股數）作為判斷波克夏價值的指標。為什麼呢？因為每股淨值代表股票的實際價值，如果這個數值順利增加，股票價值當然會隨之上揚。

翻開波克夏的年報，就會發現每年都會在年報的第二頁刊載「波克夏海瑟威的公司績效 vs 標準普爾 500 指數」的對照表。這是以標準普爾指數為對照，說明波克夏每股淨值每年成長多少。標準普爾 500 指數和道瓊工業平均指數同為美國極具代表性的股價指數，一般廣泛用以表示整體市場的價值變動。波克夏的成長率超越指數越多，就證明其績效越是卓越斐然。

從下頁圖表也可以看到，1965 年到 2005 年間，波克夏的績效僅有六個年度低於標準普爾 500 指數，其餘 35 年都超越標準普爾 500 指數。如果以這 41 年間的年平均成長率來看，標準普爾成長 10.3％，相較之下，波克夏成長 21.5％。大幅超越市場平均的比率，代表波克夏的企業價值提升，這一點應該相當顯而易懂吧。

　　巴菲特在入主波克夏之後，確實讓資產持續不斷地增值。和他在管理投資合夥事業的那段時間一樣，不僅稱呼股東為「合夥人」，而且認真地思考該怎麼做才能回應股東的殷切期盼。

　　如此真誠的心態，在巴菲特所寫的「給股東的信」與「年報」中表露無遺，據說讀了這些資料之後，股東們都越來越喜歡巴菲特了。

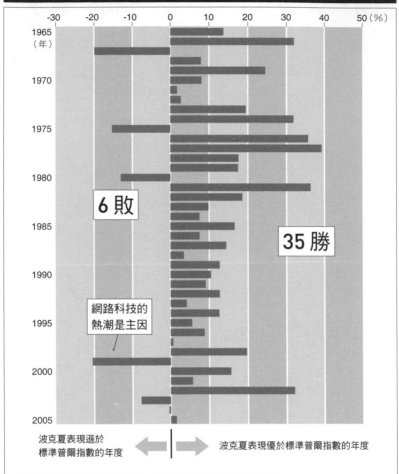

波克夏海瑟威 vs 標準普爾 500 指數

上圖是將波克夏的淨資產增加率,減去標準普爾 500 指數上漲率,
數值越大,代表波克夏的企業價值增加越多。

資料來源:波克夏海瑟威 2005 年年報

巴菲特買入什麼樣
公司的股票？

　　巴菲特究竟是投資哪些公司的股票，才成為富豪的呢？
以下介紹三間大家都耳熟能詳的公司——可口可樂、美國連
通和吉列公司。

▍留意經營方針，購入可口可樂股票

　　從 6 歲時的打工經驗開始，巴菲特很早就接觸到可口可
樂公司的事業。儘管如此，他實際買進可口可樂公司的股票
卻是在大約 50 年後、1988 年的事情。

　　當記者問他：「為什麼沒有更早開始買進可口可樂股

巴菲特曾經買過具代表性的個股

美國運通
（信用卡公司）

持有價值 78 億美元市值的股份

在 P&G 寶僑公司購併後仍繼續持有股份

吉列
（刮鬍刀製造商）

首都城／美國廣播公司
（傳播媒體公司）

時思糖果
（巧克力製造商）

可口可樂
（飲料製造商）

富國銀行
（銀行）

最有名的巴菲特概念股

內布拉斯加家具賣場
（家具銷售公司）

巴菲特首度投資中國的公司

中國石油
（石油公司）

華盛頓郵報
（報社）

蓋可
（汽車保險公司）

票？」巴菲特的回答如下：

> 假設你即將出門遠行長達十年，你在出門前只能挑選一檔股票投資，之後就沒辦法中途更換，在前述的條件限制下，你會選擇什麼樣的公司？這家公司的事業必須簡單易懂，不僅擁有穩定成長的收益，將來的發展遠景也得夠好才行。可口可樂公司的產品通路持續在擴大，不僅保有世界的領導地位，銷售量也持續在成長。這樣的公司，除了可口可樂之外，絕無僅有。我敢肯定，十年後再回來時，可口可樂的業績一定已經不同於以往。

巴菲特別注意到 1981 年羅伯特・古茲維塔（Roberto C. Goizueta）接任執行長時揭示的經營方針：「接下來的十年，我將竭力為股東們打拚，以守護股東資產成長為主要目標。」

在那之前，可口可樂公司收購了養殖蝦、釀酒廠等事業，從事與本業完全不相干的多角化經營，但巴菲特並不贊同這樣的做法。所以當古茲維塔上任，徹底進行企業內部改造時，一向注重經營者的才能與品格的巴菲特當然沒有放過這個大好機會，開始大量買進可口可樂公司的股份。

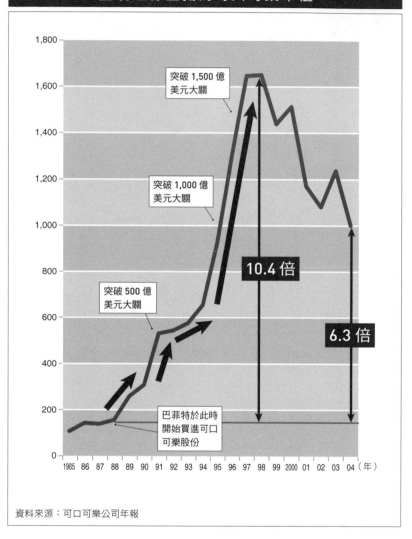

呈現直線上揚的可口可樂市值

突破 1,500 億
美元大關

突破 1,000 億
美元大關

突破 500 億
美元大關

10.4 倍

6.3 倍

巴菲特於此時
開始買進可口
可樂股份

資料來源：可口可樂公司年報

古茲維塔走馬上任之後，可口可樂的業績蒸蒸日上，在1980 年市值還只有 41 億美元（以股價乘以總發行股數計算，常用來估算大致的企業價值），到了 1988 年，已經大幅增加到 158 億美元，甚至在 1998 年更超越了 1,600 億美元。

▌ 看準相對便宜的時間點，購入美國運通股票

說到巴菲特跟美國運通的淵源，可以追溯到 40 年前，巴菲特還在管理投資合夥事業的時代。1963 年，巴菲特將投資合夥事業總資產的 40%、相當於 1,300 萬美元，全數投資在這家公司上。

那一年，美國運通因為子公司捲入醜聞事件，股價一路從 60 美元暴跌至 35 美元。巴菲特當然沒有放過這個投資機會，因為當優質企業的股價由於特殊事件導致下跌時，反而是最佳的買點。

之後，美國運通的股價在兩年內反彈近三倍之多，這筆投資讓巴菲特的投資合夥事業賺進約 2,000 萬美元的收益。

在那之後，他又陸續買進美國運通股票，並且在 1994 年大量加碼買進。當時正值執行長詹姆斯‧羅賓森（James Robinson）因收購案失敗而下台，哈維‧葛洛柏（Harvey Golub）接掌管理的第二年。葛洛柏除了揭示「讓美國運通卡成為世界上評價最高的信用卡品牌」的願景之外，更主張財務目標透明化。

在葛洛柏的改革之下，美國運通的利潤顯著改善，這也印證了巴菲特常說的：

敢保證絕對會交出成績的經營者，總有一天，一定會讓各位看到實際成果。

▌ 看準品牌力，購入吉列公司股票

巴菲特開始對吉列公司感興趣是在 1980 年代。

吉列是美國最大的刮鬍刀生產廠商，不僅在全球 14 個國家擁有工廠，在海外也是赫赫有名的一流企業，擁有龐大的事業群。

然而，當時業績陷入泥沼的吉列，成為被合併與收購的最佳標的。吉列公司曾經四度進行反收購的攻防戰，淨資產已幾近耗盡，在這個艱困時期主動提供資金贊助的，就是巴菲特。

　　巴菲特認為，吉列的事業簡單易懂，將來的發展遠景也很好，他說：

　　人只要活著就必須刮鬍子，因此刮鬍刀的需求永遠存在。如果有公司毫不懈怠地開發新型替換刀片，不斷地強化銷售力和品牌力，那麼豈有个投資的道理？人們每天都要刮鬍子，每年都會固定支付 20 美元的代價來換取刮完鬍子後的爽快感。

　　之後吉列推出了全球熱賣的「吉列感應刮鬍刀」，業績果然急速上揚。吉列的產品占據全球約 70％的市場，強勢的品牌力，幾乎可以將「刮鬍刀」與「吉列」畫上等號。

　　波克夏在 1989 年投資 6 億美元買進吉列公司 11％的股權後，目前持有的部分市值約 58 億美元。雖然吉列後來在 2005 年被 P&G 寶僑公司購併，巴菲特仍然繼續持有該公司的股份。

▎「巴菲特概念股」就存在於你的日常生活中

當我在演講時提到可口可樂、美國運通、吉列的例子時，有人會問：「在日本也有巴菲特想要買進的公司嗎？」

答案當然是肯定的，根據 2006 年 5 月 10 日《日經金融新聞》的報導，巴菲特在股東大會後的記者會中談到「想投資日本的企業」，就透露了他認為日本有許多值得投資的公司。

在報導中，《日經金融新聞》的牧野洋先生甚至大膽預測接下來巴菲特可能會買進的日本企業候選名單。文中提及，巴菲特曾經在 2000 年高度讚許 Sony 公司的潛力，應該會對 Sony 的金融子公司「Sony 金融控股」感興趣。花王等個股也都是可能的投資對象。

如果各位在日常生活中感覺到「那家公司的產品真不錯，今後應該會大幅成長」，或是「那家公司社長的經營方針，我也有同感」，不妨想想巴菲特在投資可口可樂、美國運通、吉列公司時的判斷依據，說不定這就是你成為富豪的契機。

04 影響巴菲特的三位智者

　　對巴菲特的投資哲學帶來深遠影響的有班傑明・葛拉漢、菲利普・費雪（Philip A. Fisher）和查爾斯・蒙格（Charles Munger）。

　　葛拉漢是巴菲特的恩師，蒙格則是巴菲特的工作夥伴兼摯友。

　　巴菲特的投資哲學可以說是整合這三位的理論而來，但巴菲特被稱為投資天才的原因就在於，他能將這三個人的理論濃縮整合為一個簡單的方法。

巴菲特的投資哲學是這麼來的

班傑明·葛拉漢

哥倫比亞大學畢業後曾任職於紐約的證券公司，擔任葛拉漢紐曼基金公司總經理。之後成為加州大學教授，以「價值投資理論」發明者聞名

巴菲特的恩師，帶給巴菲特「價值型投資」的靈感

巴菲特的投資哲學誕生！

灌輸巴菲特對「成長股」的看法

工作夥伴兼提供意見的智囊

菲利普·費雪

史丹佛大學商學院研究所畢業後曾擔任證券分析師，後來成立投資顧問公司 Fisher & Company，提出「成長型投資」理論

查爾斯·蒙格

巴菲特的友人。哈佛大學法學院畢業後成為律師，活躍於法律界，結識巴菲特後進入投資的世界，擔任波克夏海瑟威公司的副董事長

▌向葛拉漢學到「價值型投資」

　　巴菲特在內布拉斯加大學就讀期間，拜讀了葛拉漢所寫的《智慧型股票投資人》，帶給他很大的衝擊，甚至讓他有著這樣的反省與感觸：「到現在我才明白，原來自己之前都不是根據理性，只不過是憑著本能在投資。」

　　與這本書的邂逅，讓巴菲特在 1950 年進入哥倫比亞大學商學院就讀時，決定進到葛拉漢門下，開始鑽研投資理論。巴菲特是這麼說葛拉漢的：「我縱橫商場多年，他是僅次於父親，對我影響至深的人物。」

────────

　　葛拉漢於 1894 年出生於倫敦，幼年時期舉家遷住於紐約。20 歲於哥倫比亞大學取得人文學位後，儘管之前所學完全與商業無關，葛拉漢開始在華爾街的證券公司工作，並且在 1926 年成立投資合夥公司葛拉漢紐曼基金公司，巴菲特也曾經在這家公司實習。

　　之後，葛拉漢在 40 歲時出版了《證券分析》（*Security*

Analysis）一書，從此舉世聞名。這本葛拉漢與大衛・陶德（David L. Dodd）合著的大作，內容在當時屬於劃時代的創新理論。影響巴菲特至深的《智慧型股票投資人》一書，就是將這本書的內容重新編纂成適合一般大眾閱讀與了解的簡易版。

《證券分析》於 1934 年出版，正值股市大崩盤過後五年，當時，很多學者只知道解說造成崩盤的經濟情勢，葛拉漢與陶德卻創立了名為「價值投資」的新投資理論。

如果投資人希望再一次在股票市場中獲利，應該怎麼做才好？這個理論就是從這個觀點清楚區分「投資」與「投機」，告訴投資人「真正的投資應該是可以兼具保本，同時又可以獲得令人滿意的報酬」。

關於價值投資，本書第 97 頁還會詳細解說，簡單來講，這就像是以 5,000 元購買價值 1 萬元的股票，和股票的適當價格（1 萬元）相比，這顯然是相當划算的交易。由於只要半價便能買到，只要不發生令企業價值損失一半的緊急事件，投資的本金就不會受到虧損的威脅。

對於葛拉漢的理論，巴菲特這麼說：

這不是為了留下優異的操作績效，也不是一時的流行，而是相當健全的投資。

▍向費雪學到「核心投資」

當葛拉漢正在撰寫《證券分析》一書時，菲利普‧費雪還在加州擔任基金經理人。費雪從年輕時就對企業成長力有著莫名的興趣，他在1958年出版的《非常潛力股》（*Common Stocks and Uncommon Profits and Other Writings*）是一本教導投資人辨別高成長公司的經典名著。

在認識費雪的理論之前，巴菲特都是根據財務報表的數字來評斷一家公司的好壞。受到費雪的影響之後，他的投資條件就加入了一些無法以數字量化的因素。

「無法以數字量化的因素」指的是經營者或經理人的素質、公司的勞雇關係、研發能力、品牌力等。費雪與葛拉漢不同的地方就在於，他相當重視與經營者面談，以及調查交易對象、員工對這家公司的評價。

而且費雪認為，與其投資許多公司，還不如集中投資少數優秀的公司。事實上，他的投資組合裡通常由不超過十檔個股所構成，其中的三到四檔股票就占了整體的大約75％。

巴菲特的「核心投資」可以說是承襲了費雪的想法，甚至他自己也曾經說過：「我的85％是由葛拉漢構成，剩下的15％則是費雪。」

關於核心投資，請參見本書第105頁。

▌來自摯友蒙格的珍貴建言

查爾斯·蒙格不僅是巴菲特的合夥人，也是他的摯友。兩人的交情從巴菲特不知道多少次在發言中稱「查理（查爾斯的暱稱）與我」即可見一斑。

雖然兩人都是出身自奧馬哈，也有不少共通的友人，卻一直到1959年才初次見面。當時，投資巴菲特的投資合夥事業的一位友人認為「這兩個人很相像，應該很合得來吧」，便引見兩人認識。

當時蒙格還在洛杉磯擔任律師，在接受巴菲特的建議後開始跨入股票投資，並且在 1962 年索性辭掉律師工作，成立了和巴菲特一樣的投資合夥事業。

　　蒙格的投資哲學雖然與巴菲特相近，但曾經擔任律師的經驗與高道德標準，逐漸成就了他獨樹一格的投資哲學。沒多久，巴菲特就採納蒙格的建言，開始修正他的投資想法。

　　1972 年，兩人聯手收購時思糖果（See's Candies）這家巧克力製造商，當時，巴菲特堅持如果不能低價收購就沒有意義，但蒙格主張，好的公司還是值得付出一定的對價購買，他說：

不管相對有多便宜，買下劣質的事業都不是好事，
因為我們真正想買下的，是那些表現優異的事業。

　　巴菲特最後同意以相當於三倍淨值的代價收購時思糖果，結果當然獲得了比這更大的報酬。

CHAPTER 2
深入探索
巴菲特
的投資哲學

股票投資，形同擁有企業的一部分

你買的是公司，而不是股票

「你買的是公司，而不是股票。」 這句箴言充分體現了巴菲特的基本投資哲學。也就是說，股票投資其實形同擁有企業的一部分，所以在進行投資時不能不重視企業的內涵與本質。

很多投資人容易受股價波動和經濟動向的影響，而混淆方向，往往忘記應該多加留意發行股票的企業的本質。**雖然股票只是企業的一部分，但股票的價值卻等同於企業的價值。長遠來看，股價終究會反映出這家公司的價值。**

從巴菲特的箴言中學習投資哲學

箴言 1 | **你買的是公司，而不是股票**
→以打算擁有這家公司一部分的心態購買股票

箴言 2 | **一開始就打算要賣掉的股票，哪怕只是 10 分鐘都不應該擁有**
→一旦買進股票，就要遵守「終生持有」的原則

箴言 3 | **「市場先生」* 絕對無法成為投資人的導引**
→不要被股價行情及經濟動向迷昏了頭

箴言 4 | **了解自己能力所及的範圍，投資才會成功**
→絕對不買自己不了解的公司的股票

箴言 5 | **確認股價低於企業應有的價值時，就能從中獲利**
→實踐「價值型投資」，買進被低估的股票

箴言 6 | **將資金集中投入少數精選的個股上**
→實踐篩選股票檔數的「核心投資」

*關於「市場先生」的說明，請參見第 85 頁。

因此，謹慎研究事業內容，並找出具備未來成長可能性的公司，才是首要任務。

▌以成為企業主的心態研究公司

　　舉例來說，各位在找工作的時候，應該不會選擇沒有遠景的企業吧？一定是選擇自己可以如魚得水、經營者才能出眾、未來前途無量的企業。股票投資也是一樣的道理，只要想成是**「讓自己的錢去公司上班」**，我想就不難理解了。只要這家公司成長，在這裡上班的金錢也會跟著一起成長，託此之福，你的人生也會變得更加豐裕。

　　巴菲特只要發現屬意的投資對象，他會偏好收購整家公司。然而，在初期沒有那麼龐大的資金，即使是在累積不少資產之後，想要收購像可口可樂這樣大規模的企業也是不可能的任務。在這種情況下，巴菲特雖然和一般投資人一樣買進部分股權，但他還是以收購公司的心態，進行嚴格的投資判斷。

　　巴菲特曾經說過這樣的話：

保險也好，造紙也好，當你注意到一家公司時，先假設自己即將繼承這家公司來進行調查。也就是要站在經營者或大股東的立場，設身處地思考，而且假設自己持有的資產就只有這家公司，沒有別的了。在這樣的情況下，身為公司領導者的自己該怎麼做？想要怎麼做？有著什麼樣的競爭對手？有著什麼樣的顧客？並試著向不同的人提出這類問題。

如果能做到這個程度，說不定已經比經營者更徹底了解這家公司。**巴菲特就是秉持著「股票投資＝成為公司的老闆」這樣的心態來看待每一家公司。**

▎致贈金幣給經營者的日本第一大股東

我在日本也曾經遇過以上述心態進行股票投資的人，那是住在名古屋的竹田和平。他是一家糕點公司的老闆，翻開《企業四季報》，你會很驚訝地發現，有近百家公司的股東欄位都有他的名字，竹田和平可以說是日本首屈一指的個人投資大戶。竹田和平以成為日本巴菲特為目標，使用跟巴菲特幾乎一樣的思考方式在進行股票投資。

竹田和平曾經造訪我的事務所，說他身為讀者，想要表揚我將巴菲特的投資哲學介紹給日本人，還拿出刻有「讀者獎」的金幣贈予我。後來，我與他閒談才得知，當他認為經營者將公司經營得有聲有色時，也都會頒給他們「股東獎」金幣。

　　受到大股東如此賞識，經營者應該都會相當高興。竹田和平認為，讚揚經營者，能激勵他們更加努力，公司自然會獲利更多。竹田和平也和巴菲特一樣，只要他認為這個經營者值得信賴，就會以終生持有的心態買進股權，累積資產。

▍「大街」勝過華爾街

　　大多數人都是看華爾街的動態來進行投資，然而，**巴菲特只投資他能夠完全理解的事業內容與產業，也就是那些在街上看得到的公司。**

　　華爾街是眾所皆知的金融聖地，一般人大都認為，只要投資華爾街就可以讓資產增加。可是巴菲特卻認為，華爾街只不過是告訴我們股票等金融商品價格的地方。多數在華爾

街工作的人往往也只認為公司和股票是「完成交易所需要的材料」。

然而在大街上，我們可以找到值得投資的公司的諸多線索。大街指的是各城市的主要幹道，在這類道路兩旁通常林立許多販售生活用品的雜貨店等日常生活不可或缺的店鋪。

巴菲特故鄉奧馬哈的大街名為「道奇街」，在道奇街上的店鋪中，讓巴菲特感興趣並實際投資的公司不勝枚舉。儘管已是相當了不得的大資產家，最愛漢堡、可樂的巴菲特依然獨鍾從庶民的觀點出發，這正是他的獨到之處。

波克夏的投資標的有巧克力製造商時思糖果、波珊珠寶（Borsheim's Jewelry）、德克斯製鞋（Dexter Shoes）、《水牛城新聞》（*The Buffalo News*）、內布拉斯加家具賣場（Nebraska Furniture Mart）、冰淇淋連鎖店冰雪皇后（Dairy Queen）等等。除此之外，還涵蓋磚瓦、塗料、地毯、吸塵器、百科全書，甚至是不動產等各種產業，這些都是在大街上隨處可見、伸手可及的日常生活用品。

巴菲特主要的投資都在大街上

商務客機公司 Executive Jet
提供飛機部分所有權分讓的公司。
1998 年為波克夏所收購

波珊珠寶
奧馬哈的珠寶店,透過降低
成本費用及增加營收方式獲
利。1989 年為波克夏所收購

時思糖果
起源於洛杉磯的巧
克力製造商。1972
年為波克夏所收購

內布拉斯加家具賣場
標榜「價格低廉,誠實
公道」,銷售順利成長
的家具店。1983 年為波
克夏所收購

▌在大街上發現內布拉斯加家具賣場

巴菲特在買進一部分股權或收購整家企業時,都會仔細檢查以下三個要點:

1 是否為自己理解的事業?
2 是否有高獲利?
3 經營者是否值得信賴?

為了讓各位讀者理解巴菲特如何根據這三點找出投資標的,讓我們以內布拉斯加家具賣場為例做個介紹吧!

位於巴菲特故鄉奧馬哈的內布拉斯加家具賣場,是俄羅斯移民蘿絲・布朗金(Rose Blumkin,暱稱 B 太太)向友人及鄰居販售家具開始做起。1937 年,B 太太在只離巴菲特住家幾條街的地方開了一家小小的家具店。

早在購買內布拉斯加家具賣場的股份之前,巴菲特就曾經多次以顧客的身分到訪這家店,經過多年觀察,他對這家店的經營給予高度評價。他非常喜歡 B 太太堅持「價格低廉、誠實公道」這樣簡單易懂的經營方針。經過好一段時間,

巴菲特終於在 1983 年支付 B 太太 5,500 萬美元，取得這家公司 80％的股權。

　　這家公司現在在奧馬哈擁有約兩萬坪的寬闊賣場，並且將觸角伸往堪薩斯（密蘇里州）和第蒙（愛荷華州）等城市。B 太太雖然沒受過教育，也沒學過英語，卻是相當卓越的經營者。巴菲特在取得股份後，對於公司的經營完全不加過問，對 B 太太更是推崇有加。

　　巴菲特曾經說過：

比起商學院的學生耗費多年在學校上課，還不如花費數個月的時間跟著 B 太太見習，可以學到更多東西。

　　巴菲特不僅對這家位於當地大街的內布拉斯加家具賣場的事業內容瞭若指掌，更親眼見證這家公司的業績蒸蒸日上。而且，他對 B 太太的經營方針與人品深有同感，所以才進行這項投資。這應該可以說是選擇大街而非華爾街的最佳成功案例吧！

06 以終生持有的打算買進股票

▌為企業補給能源是投資人的職責

　　有些人仍然有著「股票＝賭博」的負面刻板印象，視股票如洪水猛獸，不敢接觸。其實，我們自己服務的公司都是拜買下股份的投資人之賜才能成立，如果還抱持上述的刻板印象，那是因為不理解股票投資的本質。

　　在美國，為了讓人們正確地了解投資的意義，有些學校甚至從小學就開始安排相關訓練課程。這些學校會在課堂中讓每個孩子負責代表一家美國的知名企業，例如 A 同學是微軟，B 同學是沃爾瑪公司（Walmart）。當電視或報紙的新聞中出現自己所負責的公司的議題時，就要在課堂上發表並

討論為什麼會發生這則新聞，以及這樣的事件對社會將有什麼影響。

透過這樣的學習，讓孩子從小開始培養「啟動國家經濟的引擎是企業，為引擎補給能源的則是投資人」這樣的觀念。

▌認清自己的投資態度

我們經常聽到「做股票」這樣的說法，其實，正確說法應該是「從事股票投資」。

在美國，大部分人都理解股票投資的真正意涵，他們會將「投資」（investment）、「交易」（trading）、「投機」（speculation）這三個單詞區隔使用。**我們必須先認清自己是以哪一種心態從事投資。**雖然自稱在「做股票」，但連自己實際上在做些什麼都搞不清楚的人恐怕占了多數。

所謂的投資家，他們買進股票並非以賣出為前提。他們的做法是透過股票投資，持有公司的一部分，與企業共同成長。這也是巴菲特的投資法。

你是屬於哪一種投資者？

對老師言聽計從的投資者

因為自己無法做任何判斷，總是在尋求股市老師的協助，對老師言聽計從

技術型投資者

深信投資是一門科學，對可量化的東西感興趣，卻對經營者的品格等毫不關心

旅鼠型投資者

總是盲從地行動，看到別人瘋狂買進，自己也跟著搶進；看到別人瘋狂拋售，自己也跟著殺出

登山型投資者

就整體市場與經濟狀況做鳥瞰式觀察，相當在意利率等數據的狀況，卻對企業的事業內容不感興趣

價值型投資者

詳細研究企業的事業內容，找出企業的真正價值，然後以低於企業價值的股價買進

資料來源：《華倫‧巴菲特的財富》

其次，交易員則是打從一開始便考慮賣出才買進股票。他們利用技術分析，採行在股價相對便宜時買進、上漲時賣出的交易模式。

投機者的心態則是雖然不知道哪邊勝算比較高，總之就是賭一把。

要以什麼樣的心態從事股票投資當然是個人自由，最重要的是，要好好認清自己的心態。尤其是當你能夠清楚辨別投資或是投機行為，將對資產的累積產生極大影響。

▍簡單辨別投資家與投機者的方法

辨別投資家與投機者的絕佳方法，就是觀察他們是否持有所投資的公司生產的物品。巴菲特的身邊充斥著他所投資的公司的各項相關產品，例如，辦公室的櫃子裡擺著可口可樂的紀念瓶，牆上掛著裱了框的美國運通及富國銀行的股票，桌上放著時思的巧克力罐，檔案櫃旁還設有隨時可取用可口可樂各式飲品的小吧檯。巴菲特就是如此愛用這些他投資的公司的產品。

倘若你有愛用的商品，也有過想要購買這家公司股票的念頭，那麼，你已經具備投資家的特質。

　　如果是投機者會怎麼做呢？他們會整天緊盯電腦螢幕不放，對股價的波動相當敏感，但是對這家公司生產哪些產品或提供哪些服務完全不感興趣，甚至可能連這家公司在做什麼都一無所知。

　　巴菲特相當厭惡「跌深就買、漲多就賣」這種短線操作的投資方式。因為他認為，從長遠的角度來看，短線買賣不僅無法獲得更大利益，對經濟還可能帶來負面影響。

　　巴菲特曾經說過：

　　股票市場已經不需要賭博行為，更不需要鼓勵大家這種行為的證券公司。股票市場真正需要的是，能夠以長遠的眼光找尋明日之星並提供資金的投資家，以及提供這方面諮詢的顧問。企業借入資金的正確心態不應該在於投機，而應該在適切的判斷下運用資金。現在的股票市場簡直就跟喧嘩的賭場沒什麼兩樣！

你是投資家，還是投機者？

	YES	NO
對持有股票的公司商品及服務完全不感興趣	☐	☐
不清楚公司是靠什麼結構獲利	☐	☐
不知道公司的經營者有著什麼樣的經營方針	☐	☐
裝設多部電腦進行網路交易	☐	☐
習慣透過網路或手機查詢股價	☐	☐
認為自己適合當日沖銷，甚過長期投資	☐	☐

⬇

如果你有兩項以上回答 YES，
身為投機者的可能性很大！

▌巴菲特以「終生持有」為原則的理由

巴菲特曾經說過：

如果你不打算持有這檔股票超過十年，那麼即使只有十分鐘也不應該持有。

這和當日沖銷是完全相反的思考模式。由於巴菲特是從經營者的角度來看股票投資，理所當然會選擇長期性投資。他說：

假設我是個俱樂部的老闆，或是在教會講道的牧師，我會以什麼樣的標準來衡量自己的成功？應該不會從俱樂部會員或前來聽道的信眾每天的汰換率有多少來衡量，我應該追求的是座無虛席，而且途中無人離場的狀態吧。

巴菲特認為，買股票應該以「終生持有」為原則。因為只要是精打細算的購買行為，就沒有賣出的必要。甚至在收購或是將其他企業納入旗下時，他也都希望能維持長久關係。以下的軼事正好可以印證他這樣的投資心態。

星晨家具（Star Furniture）的執行長梅爾文‧沃爾夫（Melvin Wolf）將事業賣給波克夏海瑟威時，收到巴菲特寄來長 1.2 公尺、寬 1.8 公尺的巨大電報。打開一看，裡面寫著：

　　親愛的梅爾文，和我們的結婚大事相較之下，這封電報是多麼的微不足道啊！

　　　　　　　　　　您一輩子的夥伴，華倫敬上

　　巴菲特總是把股票投資比喻為結婚。一旦你想到股票是要一輩子持有的，就應該像是尋找結婚對象一樣，必須深入了解對方（公司）才行。你應該仔細調查清楚這家公司的價值與事業內容，留意經營者的才能，並且一一確認員工和顧客對這家公司的滿意度。

　　即便投機者根本完全不在意這類事情，但優秀的投資家會以像是在找尋結婚對象般的審慎態度，試圖找出具有發展性的公司。

投資股票好比結婚

結婚

請嫁給我吧！

他有前途嗎？

不管有多麼相愛，還是無法和沒經過長時間交往的男人結婚。

投資股票

公司的事業內容為何？有遠景嗎？

請買我吧！

股票

投資股票就跟結婚一樣，對於事業內容與遠景都要花時間好好調查清楚！

▎長期投資，讓「複利效果」成為你的助力

　　只要持有優良企業的股票，就沒有頻繁進出買賣的必要。如果以從事當日沖銷的角度來看，長期投資可能像是懶人的藉口，但是，和短期投資相比，長期投資有著以下兩大好處：

1　只要長期持有，就可以壓低成本。由於每一次短期投資的買賣都必須支付手續費，這個部分會拉低投資的績效。

2　只要賣掉獲利的股票，資本利得部分就必須課稅。然而，如果股價上漲也不出脫，而繼續持有潛在獲利的話，金錢就能以最有效率的方式增值。

　　請各位看右頁圖表，圖中顯示以 100 萬元買進並持有 30 年資產的變化走勢。最上面的曲線代表年複利 15％、中間是10％、最下面的曲線則是 7％的情形。在長期投資的情況下，由於利益轉進再投資，以利滾利，資產便如滾雪球般地增加，這就是所謂的「複利效果」。

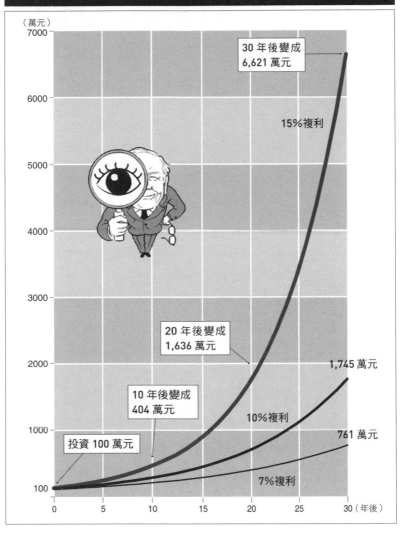

越是長期持有，「複利效果」越驚人

（萬元）

- 30 年後變成 6,621 萬元
- 15%複利
- 20 年後變成 1,636 萬元
- 1,745 萬元
- 10 年後變成 404 萬元
- 10%複利
- 投資 100 萬元
- 761 萬元
- 7%複利

相對而言，由於短期投資必須頻繁地支付買賣手續費與稅金，無法獲得複利效果。假設同樣是投資 100 萬元，以年收益 7％來估算，每年的獲利必須繳交 20％的稅金，那麼 30 年後，資產僅有 513 萬元。然而，在複利效果下卻是 761 萬元，整整多出了 248 萬元。複利效果絕對不容小覷。

切忌跟著行情或
經濟動向起舞

迷惑你的「市場先生」究竟是什麼人？

　　許多投資人對於行情的變化總是感到憂喜參半。當市場暴跌就會感到不安，擔心會再進一步下跌而希望盡早出脫手中持股。反之，如果市場暴漲則樂觀地認為還會繼續上漲，必須盡早買進持有。結果反而總是買在高點，賣在低點。

　　然而，巴菲特從來不隨著行情起舞。為什麼呢？**因為他追隨的不是市場，而是企業。**無論股價如何上下波動，甚至股市暫時休市，企業也不會因此消失。對他而言，股價的波動只不過是礙手礙腳的麻煩罷了。

巴菲特為了向波克夏的股東說明上述道理，經常會談到「市場先生」的故事。市場先生原本是葛拉漢杜撰出來的虛構人物，他會搬出這號人物，以容易理解的方式，對那些容易被股票市場影響的學生們做說明。

　　在《智慧型股票投資人》一書中，葛拉漢這麼說：

　　股票市場就像是情緒不穩定的合夥人「市場先生」。市場先生為了讓人們買賣公司，每天都會不厭其煩地宣告價格，有時候甚至會開出很荒謬的價格。不管你拒絕他多少次，隔天他還是會來告訴你不同的價格。

　　市場先生指的就是股票市場。隨著人們買賣股票的心情起伏，股價時時刻刻都不停地變化。如果要一一在意這些變動，就會變得無法按照自己的意思進行投資了。

　　有些個人投資者經常會哀歎「忙到連看盤的時間都沒有」，其實是他們誤以為每天看盤才叫做股票投資。我認為，**忙到無法看盤反而是幸運的，因為只要找到好的股票，不管發生什麼事都處之泰然，才是最好的做法。**

「市場先生」究竟是什麼人？

特徵 1　為了股票的買賣，市場先生會固定每天來向你報到

特徵 2　他會因為情緒的起伏，讓一家公司的股價變來變去

特徵 3　當他心情好時，會認為企業前景大好，告訴你比較高的價格

特徵 4　當他心情糟時，會認為企業前途黯淡，告訴你比較低的價格

也就是說……

市場先生
就是股票市場

資料來源：《巴菲特寫給股東的信》（*The Essays of Warren Buffett*）

▍聰明利用「市場先生」的方法

然而，葛拉漢認為，市場先生也有討人喜愛的一面。

縱使沒有人理會市場先生，他也絲毫不以為意；就算沒有人對他宣告的價格一一做出回應，他也不會感到煩惱。所以，投資人可以完全忽略市場先生說的那些奇言怪語，而且可以反過來好好地利用這一點。與市場先生保持適當的距離相處，反而能創造有利於己的情勢。

那麼，究竟要怎麼利用市場先生，投資人才能保全自己的資產呢？

當巴菲特還在葛拉漢紐曼基金公司工作的時候，曾經向葛拉漢提出這樣的問題：「被市場低估的股票，最後真的會上漲嗎？」

葛拉漢的回答是：「市場經常就是這麼一回事。」

後來，巴菲特自己也說：

實際上就是這樣，短期而言，股票市場只不過是人氣投票的場所罷了。然而就長期而言，市場扮演的角色卻是衡量企業真正價值的量尺。

請各位回想一下，當初巴菲特買進美國運通股份時的投資判斷。就在美國運通捲入醜聞事件，導致股價急跌的那一年，巴菲特投入了 40％的資產買進該公司的股份。

雖然乍看之下是相當大膽的投資動作，但是他對於美國運通的強大品牌力相當有信心。理由無他，因為人們還是繼續愛用他們的美國運通卡，並沒有受到事件的影響。

當時正值信用卡業界的全盛時代，海外旅遊的前景一片看好，旅行支票的使用率也節節上升。後來果真如巴菲特預測的，美國運通的股價一路上漲。這應該可以說是相信企業價值並充分利用市場先生的最佳案例吧！

▎重大投資決策，一生中不超過二十次

最近個人投資者越來越多，巴菲特以下的發言，可能會

讓不少人覺得刺耳吧！

市場上當然也有一些不重視企業價值、只注意股價
波動而買賣的投資人。或許每個人都有不同的理由，
但若是從自己不熟悉的事物下手，是絕對不可能順
遂的。而且，上禮拜有人僥倖成功，並不保證這禮
拜你也能成功。買賣股票最笨的理由之一就是 ──
因為上漲，所以跟著買進。

巴菲特認為，那些和市場先生一樣會隨著股價波動或憂
或喜的人不是投資家，而是投機者。以人氣指數來決定動向
的市場先生，說穿了，就是所謂「盲從心態」的象徵。真正
的投資家不會在意別人的行動或每天的股價，而是會藉由品
牌力、獲益能力、未來的展望等，客觀地評價一家公司。希
望各位投資人務必要學到這一點。

1999 年《財星》（Fortune）雜誌刊載的一篇報導提到，
巴菲特曾經針對投資者之間盛行的「不錯過宴會」行動提出
批判。他認為：

真正的投資家不會因為趕不上宴會而懊惱，他們擔
心的是沒有做好準備就貿然參加宴會。

巴菲特在葛拉漢紐曼基金公司從事股票分析的時候，葛拉漢對巴菲特推薦的股票幾乎完全不捧場。這是因為葛拉漢在釐清所有事實之前，是不會輕易點頭的。巴菲特從當時的經驗學到不輕易決定投資標的，以及對於投資家而言，學會說「不」的忍耐力是必修的課題之一。

　　此外，巴菲特曾經說過：

投資家應該以「一生中只能做二十次重大決策」的慎重心態來看待投資。

　　如果能做到這個地步，應該就能減少動輒進場、隨意買賣的高風險投資行為了。

不買自己不了解的
公司的股票

▌巴菲特不碰高科技股的理由

　　2003 年 3 月，美國股市因為 IT 風暴，陷入一片狂熱之際，波克夏的績效卻創下歷年新低的紀錄。由於巴菲特完全不投資高科技產業，當時甚至還流傳著「就算是巴菲特也會有判斷失靈的時候」這樣的謠言。然而，這是巴菲特忠於自己「絕對不投資自己不了解的事業」的原則，也是絕不妥協的證明。

　　之後，IT 泡沫幻滅，曾經風光一時的許多投資人都損失慘重。當時面對記者的訪問，巴菲特只輕描淡寫地答了一句：

只要你了解自己持有的是什麼，就不會有問題。

沒過多久，和 IT 熱潮無緣的波克夏股價再度上漲，重新印證了巴菲特的看法是正確的。

▌清楚自己的「核心能力範圍」

微軟執行長比爾‧蓋茲是巴菲特的摯友，他當然很清楚高科技產業的前景十分看好。但是，巴菲特自己沒辦法了解高科技產業，所以他認為投資這類產業是高風險行為，他這麼說：

> 微軟的比爾‧蓋茲也是遵循跟我一樣的原則。蓋茲對於高科技產業的了解，就跟我對可口可樂與吉列公司的理解程度是一樣的。而且，他也像我一樣，會保留所謂的「安全邊際」（參見第181頁）。當然，股票對我們而言並不只是普通的紙張，我們都視其為企業的一部分。

也就是說，我們的原則其實是放諸四海皆準的，當

然也包括高科技事業。只可惜，我們並不具有評估高科技產業的能力。當自己的「核心能力範圍」裡沒有值得注目的東西時，我們不應該輕率地擴大能力範圍，而是要靜靜地等待機會。

━━━━━

巴菲特持有的股票資產，就是由汽水（可口可樂）、報紙（《華盛頓郵報》）、汽車保險（蓋可）等在大街上到處可見的事業所組成。此外，他還收購了磚瓦、地毯、巧克力等公司並納入旗下，這些全都是他有能力評估的事業內容。

巴菲特曾經說過，**任何人只要擁有自己擅長的領域並好好把握，就可以在股票投資上取得成功。**

最重要的不在於將自己的核心能力範圍拓展到多大，而是能否好好地界定自身能力範圍的「界線」，只要你很清楚這項投資是落在自己的核心能力範圍內，就能夠獲得成功。相對於能力範圍面積有五倍大、但界線卻模糊不清的人，我相信前者一定更有機會變得富裕。

確立自己的「核心能力範圍」

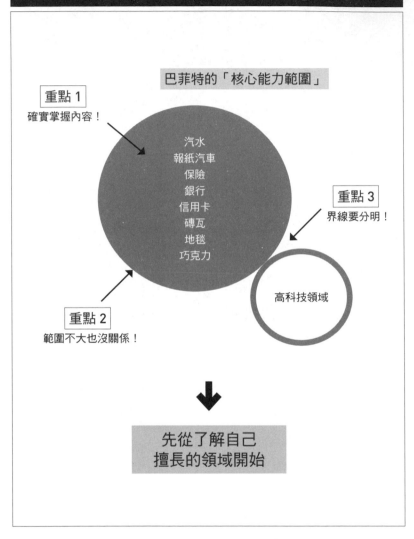

巴菲特的「核心能力範圍」

重點 1
確實掌握內容！

汽水
報紙汽車
保險
銀行
信用卡
磚瓦
地毯
巧克力

重點 3
界線要分明！

高科技領域

重點 2
範圍不大也沒關係！

先從了解自己
擅長的領域開始

買進股價低於企業價值的股票

▎巴菲特的絕招——「價值型投資」

　　許多人似乎將「價值型投資」與「成長型投資」視為兩種完全不同的投資方法。

　　價值型投資指的是，評估現在的股價是偏低或偏高，如果偏低就買進的投資方法。成長型投資則是著重在企業未來的成長性，如果業績有可能進一步成長則買進的投資方法。可是，追根究柢，這兩者對巴菲特而言是相同的。

　　巴菲特的投資方法就是從找尋符合以下條件的公司開始——自己可以理解的事業、有穩定成長的收益，而且經營

者重視股東的權益。然而，想要成功投資，光憑這幾點還不夠，還必須盡可能以相對有利的價格買進。這就是評估企業的內在價值，如果價格大幅低於價值就買進的價值型投資法。

巴菲特從恩師葛拉漢那邊學到價值型投資的精髓。除了使用衡量股價是偏低或偏高的指標之外，還要加上預測企業未來的業績展望，做整體的考量，可以說是價值型投資與成長型投資的綜合體。

若要以有利的價格買進，必須先知道合理的價格為何。就像我們講到「市場先生」（參見第 85 頁）時提到的，短期來看，股價是因為人氣投票而產生波動。當有利的新聞出現時，多數人會急忙搶進該檔股票，當負面新聞出現時就開始想拋售。如果以這樣的方式投資，結果往往是買在高點，賣在低點。

因此，想要以相對便宜的價格買到股票，就應該避開那些人氣旺盛的標的。反之，應該去發掘那些實質價值很高，但是在市場上沒有人氣，而且股價還在向下修正的公司才對。

「價值型投資」與「成長型投資」的主要差異

價值型投資（投資股價偏低的股票）

研究企業到目前為止的資產、獲利、配股配息等狀況，如果判斷股價偏低時則投資。等到其他投資人也認同該公司的企業價值時，股價就有可能上漲。

VS

成長型投資（投資成長股）

研究企業的獲利及淨值的成長性，如果預測未來將可能呈現平均水準以上的成長幅度時則投資。等到公司如預期般獲得成長時，股價很有可能會跟著上漲。

巴菲特的價值型投資
其實已經包含了
成長型投資的考量

▌便宜撿股的絕佳時機

接著，讓我們具體地探討便宜撿股的時機。

第一個時間點就是趁著行情暴跌、景氣變差時出手。 當行情暴跌的時候，多數人往往會陷入恐慌，這種恐懼感會嚇得許多人完全不敢出手買股。可是，巴菲特卻將黑色星期一（1987 年 10 月 19 日的股災）這樣的股市大崩盤視為絕佳的出手良機。當行情大幅度地崩跌時，幾乎所有企業都會跟著被拖累，但是對績優企業而言，這類的股價下跌只是短期現象，與業績一點關係也沒有，股價早晚會回復到原來的水準，所以此時正是絕佳的買點。

景氣變壞時也是買進績優企業的絕佳時機點。只不過，如果不景氣一直持續下去，因為業績不佳而倒閉的企業會越來越多，就算要回復原本水平也要花費數年的時間，所以判斷企業能否撐得下去相當重要。

第二個時間點則與行情無關，而是由於特殊事件造成企業股價下挫的時候。 例如大型專案失敗，或是產品中發現不良品時，不論是多麼優秀的企業，股價也免不了會跟著下跌。

此時雖然對企業而言是危機，但是，對投資人而言卻是千載難逢的投資機會。

如果股價下跌是由於企業的非法行為或任何致命性的原因，那當然另當別論。但如果只是因為偶爾運氣不佳，使得股價被拖累，那麼股價遲早會回復到原來的水準。

———

巴菲特會積極買進股票的時機，通常就選在以上兩種的任一情況發生時。投資績優企業的機會，就出現在績優企業的股價被嚴重低估的時候。

▌巴菲特在行情暴跌時出手的案例

巴菲特在行情暴跌時買進股票的例子，以《華盛頓郵報》最具代表性。

波克夏首次買進《華盛頓郵報》的股份是在 1973 年。當年，股市在年初就發生了大崩盤，《華盛頓郵報》的股價

想撿便宜就趁這個時候

時機 1 景氣變差、行情暴跌時

時機 2 企業發生特殊事件，造成股價下挫時

在一個月內就跌了將近 40％的幅度，而巴菲特簡直就像是等待崩盤已久似地，開始買進該公司的股票。

當時《華盛頓郵報》的市值大約在 8,000 萬美元上下，而證券分析師們估計該公司價值 4 億到 5 億美元，此外，巴菲特一向給予《華盛頓郵報》的發行人凱薩琳・葛蘭姆相當高的評價，再加上這家公司的經營團隊持有不少自家股份，結果巴菲特投資了超過 1,000 萬美元。這 1,000 萬美元到了 2005 年，總市值已經超過 10 億美元。

▌ 巴菲特在企業發生特殊事件時買進股票的案例

巴菲特在企業發生特殊事件時買進股票的案例，則以蓋可汽車保險公司為代表。

蓋可的成功奠基於向優良駕駛推銷汽車保險，然而，進入 1970 年代後，蓋可開始擴大承保範圍，也涵蓋較具風險性的駕駛人，結果事故率增加，使得企業根基岌岌可危。1976 年時，股價由 61 美元暴跌到僅剩 2 美元。

不過，巴菲特確信蓋可是一家體質堅韌的企業，其競爭力並沒有因此而改變，所以他在那一年開始趁低布局，之後果不其然，蓋可的股價很順利地回升了。

———

　　從以上兩個案例，我們可以發現，巴菲特確實是根據相對便宜與否來斟酌買進的時間點。然而，決定投資與否的判斷終究是基於企業價值，股價並非絕對條件。巴菲特曾經做過以下解釋：

> 我並不是說非得買在最低價不可；由自己判斷現在股價是否低於企業的內在價值、主事者是否正直且有能力，這些才是關鍵所在。換言之，只要確信股價相對低於應有的企業價值、經營團隊踏實做事，那麼投資股票便能獲利。

10 只投資精選的少數幾檔股票

▌ 向費雪學到的智慧──「核心投資」

　　我在前面曾經介紹過，菲利普・費雪是對巴菲特影響至深的重要人物之一。

　　費雪重視的是超越業界平均水準且持續成長的「企業成長性」。費雪不僅仔細調查企業的財務報表，同時認為績優企業必定存在卓越的經營者，所以也會針對經營者的能力和品格詳細地進行調查及訪談。為了和其他同業競爭者做比較，他還會將企業的特性徹底調查清楚。

　　如上所述，由於費雪的調查相當費事費時，將持股聚焦

在少數幾檔股票便成了他的座右銘。雖然他在剛開始投資的時候，也曾經因為將觸角伸及不完全熟悉的企業而嘗到失敗的苦果，但後來漸漸收斂到只投資自己熟悉的企業，終於印證了「與其持有許多表現一般的個股，不如聚焦在少數幾檔績優個股，會比較容易成功」的想法。

巴菲特對於這樣的想法當然也深表贊同，他拜讀了費雪所著的《非常潛力股》一書後受到啟發，便立刻去拜訪費雪，當下就對費雪的想法與人品產生了共鳴。

▊ 沒有十足把握，絕不出手

巴菲特在 21 歲時曾經將所有的家當投資在蓋可公司，這個案例可以說是核心投資的開始。此後，只要他認為自己的判斷正確，就會毫不猶豫地集中投資。他對美國運通的投資，占了整體投資組合中的 40 ％，波克夏的資產也有 25 ％是集中投資在可口可樂。他總是鎖定少數特定標的，聚焦投資在這些標的。

巴菲特在波克夏公司「寫給股東的信」中，屢屢針對核

費雪的投資方法

費雪認為，只要找出具有非凡成長潛力的公司，
長期持有該公司的股票，便能獲得巨額利潤

 為了做到這點，必須……

徹底研究具發展潛力的企業！

- ·中期而言是否擁有可擴大營收的商品？
- ·是否對研究開發不遺餘力？
- ·能否確保高毛利率？
- ·是否擁有優異的營運能力？
- ·經營者是否誠實？
- ·是否擁有眾多的優秀管理幹部？

先瀏覽過書面資料，再親自實地訪查

 然後……

鎖定少數個股並長期投資，進而獲得成功！

不過，費雪對價值型
投資抱持否定態度

資料來源：《非常潛力股》

心投資做出諸多解釋。下面就引用 1987 年的信件內容為例來說明：

> 我們的主要方針是「核心投資」。當我們對事業內容或股價沒有十足把握時，就會盡力避免做出東買一點、西買一點的投資行為。我們認為，唯有在確信這項事業相當有潛力且有買進的意義時，大筆投資才是正確的行動。

此外，擔任波克夏副董事長的查爾斯・蒙格也曾經在 2001 年的股東大會上說過：「在美國，只將自己的所有財產長期投資在三家優秀企業的人，一定會成為大富豪。」

實際上，在蒙格價值 25 億美元的投資組合裡，持股數只有七檔。因為他認為，與其持有一百檔沒把握、甚至錯誤的個股，還不如命中幾支個股來得好。

▎分散風險式投資是適合初學者的做法？

看了以上說明，很多讀者一定滿腦子的問號吧。畢竟不

少人都會有這樣的想法：「比起集中投資在一檔股票上，分散投資到多檔股票的做法不是更能降低風險嗎？」

為了避免各位讀者誤解，容我在此稍做解釋。巴菲特並不是否定分散投資，他曾經說過，分散投資對一無所知的投資人而言確實具有保護作用。

假如投資人希望不輸給大盤表現，可以試著持有所有的個股。我認為這沒有什麼不妥，甚至這對完全不懂得如何分析企業的投資人而言，反而是比較健全的做法。

如果各位只是希望獲得接近平均股票市場的績效水準，可以持有指數型基金，輕易達到分散投資的效果。指數型基金是由投信公司所發行、廣納各式各樣的個股所組成的一種基金商品，會跟著股價指數一起波動。

根據《巴菲特勝券在握的 12 個原則》（*The Warren Buffett Way, 2*ⁿᵈ *Edition*）一書作者羅伯特・海格斯壯（Robert G. Hagstrom）的調查發現，指數型基金如果由 250 支成分股組成，偏離大盤績效的機率就只剩下 3%。相對地，如果只有 15 支成分股，偏離大盤績效的機率就會上

升至 25％。雖然這表示集中投資個股有可能會帶來負收益，但相對地，這也代表如果操作順利，收益便會比前者多出許多。

　　因此，若想要獲得比市場平均值更好的績效，安逸的分散投資並不是合適的做法。就算眾多個股中的其中一檔表現優異，也只能讓整體價值增加一點點而已。相對地，如果集中投資少數個股，就可以好好地研究投資對象，這麼一來，當然能夠提高發現潛力企業的機率。

▍越是精心篩選的個股，投資態度會越慎重

　　假設你花了大筆鈔票買了足球賽的門票，當天卻突然身體不適，你會怎麼做？

　　我想，大多數人還是會硬撐著去看球賽吧。可是，如果這張門票是免費拿到的話，放棄的人可能會比較多吧。貨幣心理學中提到，人類的行動往往會受到花費的成本左右。

　　股票投資也是一樣。當成本不高時，不經深思就做出投

資決定，就算虧損了也不會太在意。可是，隨著投資金額上升到 100 萬、1,000 萬，就會好好斟酌是否真的具有投資價值？應該投資哪些商品？

巴菲特曾經說過：

我在管理投資合夥事業的那段期間，曾經調查過小額投資與大額投資何者報酬率比較高。結果發現，相較於小額投資，大額投資的報酬率往往都比較高。

這是因為當投資金額越高，在做出投資決策之前就會更詳細地調查，畢竟我們必須說服出資者。如果金額不大，恐怕就不會這麼慎重其事了。我們經常會聽到這樣的話：「我在派對上無意中聽見了小道消息，就試著買了兩股。」小額投資往往不需要任何理由就能輕易為之。

投資金額越高，態度就會越慎重；從事核心投資，才是通往成功的道路。

CHAPTER 3
巴菲特如何精選個股？

11 選擇簡單易懂的事業

▍想了解企業，讀就對了！

既然巴菲特只投資自己能夠理解的事業，那麼，想要了解一家企業，該怎麼做才好？

巴菲特的主要資訊來源，通常是透過閱讀企業年報而來。當他找到可能的投資對象時，便會一股腦兒地閱讀這家公司的年報，然後也閱讀這家公司主要競爭對手的年報。

這是巴菲特從開始投資以來就不曾改變過的心態。當他還是學生時，他將全部家當投資在蓋可公司，就是因為他已經事先徹底調查過，才做此決策。

巴菲特回想起當年，他這麼說：

當時的我整天躲在圖書館裡，反正先讀了再説。首
先是讀完知名保險公司評等機構 AM Best 發行的資
料，將這個業界的許多公司資料讀過一輪，然後為
了獲得這個業界的專業知識又讀了幾本書。最後讀
了蓋可公司的年報，也向保險專家諮詢意見，並盡
可能與經營團隊會面晤談。

▌ 在網路上蒐集公司資訊

現在只要利用網路，企業的年報與財務報告都能一目
瞭然。特別是最近致力於經營「投資人關係」（investor
relationship）的企業越來越多，所以從企業的網站上獲得
的資訊其實還滿充分的。

當我們看上市上櫃公司的網頁時，通常會羅列「經營者
的話」、「公司簡介」、「相關新聞」、「給投資人的話」、
「企業徵才」等項目，點選其中與投資有關的項目後，就會
進入刊載各項資料的頁面，可供投資人參考。

巴菲特選股的重點

挑選企業的方法

1. 選擇簡單易懂的事業
2. 選擇穩定創造利潤的公司
3. 選擇未來展望看好的公司

鑑定經營者的方法

1. 經營者是否理性思考？
2. 經營者是否誠實面對股東？
3. 經營者能否戰勝模仿的誘惑？

資料來源：《巴菲特勝券在握的 12 個原則》

由於年報、財務報告、公開說明書等資料都能在線上閱覽，投資人可以確認哪些事業的營收有成長、毛利率有無上升、主要股東是誰等問題。

　　此外，經營者寫給股東們的話也相當重要。經營者是什麼樣的人、經營方針能否讓人認同，以及事業內容有無造假情事等蛛絲馬跡，都能從此看出端倪。

▎從企業網頁讀出「變化」的蛛絲馬跡

　　另外，在產品簡介與事業簡介的網頁中，往往也隱藏著投資相關的線索。例如公司最近推出什麼新產品、投注心力在哪些產品或事業上、特定事業的獲利占全公司的比重多少等等。

　　假設有一項產品突然爆紅熱賣，這家公司就會成為極具吸引力的投資標的。可是，如果營收成長只限於其中一個部門，而且占整體營收或獲利的比重不高，那麼成長力便有待商榷。

財務報告

上市公司公布一季或半年自結財務數字的文件。所有公司都使用共通格式,記載各年度的業績和資產持有狀況。內容雖不如有價證券報告書來得詳盡,但是在企業一公布財報後,馬上就能取得。

有價證券報告書

企業在年度結算後三個月內必須提交的公開文件。除了業績和資產持有狀況之外,事業內容、企業沿革、營運狀況、設備投資狀況、庫藏股執行狀況等資訊均詳細記載。

年報

記載業績和事業內容的年度文件,在日本不屬於強制要求提交的文件。年報會使用較多照片、圖表來呈現,往往比有價證券報告書更具視覺效果。

事業報告書

企業自行準備的文件,內容除了以照片、圖表來呈現事業內容、營業狀況,還扼要濃縮了財報的要旨和企業的相關訊息。

決算公告

根據日本商法規定,企業必須於政府公報或民間報紙刊載的法定公告。內容包括資產負債表和損益表的摘要說明,一般刊載於股東大會較密集舉行的 6 月。

＊在台灣可以利用台灣證交所的公開資訊觀測站(http://mops.twse.com.tw/mops/web/index)取得上市公司各期間的財務報告資料。

只要從網頁掌握企業的整體輪廓，就能得知一家公司如何定位其主要事業內容。

　　網站上的「企業徵才」頁面也可以作為參考。這家企業究竟提供哪些條件、在尋找什麼樣的人才，這些可能都是解讀企業未來方向的線索。

　　此外，在「相關新聞」頁面通常會刊載企業相關的最新訊息，例如開發新的技術、設置新的工廠使得產能增加、重要幹部的人事情報等。

　　如果能像這樣養成檢視企業網站的習慣，當企業發生「變化」時，就可以馬上察覺。當營收沒有成長，獲利卻大增時，究竟是因為裁員，還是因為削減成本？毛利率提升，是否是因為經營方針改變的緣故？

　　在投資的過程中，「變化」的方向非常重要。即使得知同樣的資訊和變化，如何做出解讀，那就是股票市場奧妙所在了。所以，**為了不錯過投資標的「變化」的徵兆，沒有比活用企業網站更好的方法了。**

化身為新聞記者，仔細調查企業

為了解企業而進行資料蒐集，任何人只要願意花心思，都可以做得到。事實上，巴菲特也相當努力地蒐集資料，以下就來介紹幾個比較獨特的案例。

當美國運通捲入醜聞案時，為了調查公司的品牌力是否因此動搖，巴菲特特別情商一家位於奧馬哈、他相當喜愛的牛排餐館，讓他待在收銀櫃檯，親自觀察並統計有多少客人是拿著美國運通卡結帳。

除此之外，他也做了不少看似與股票投資毫不相關的資料蒐集。

我曾經到位於紐約第四十五街的百老匯去看電影《歡樂滿人間》（*Mary Poppins*）。下午兩點鐘，一個大男人抱著小公事包去看電影，總覺得有點不好意思，所以就問售票亭的女孩：「這齣電影是不是帶小孩來看比較好呢？」對我而言，其實只是想親自確認這齣電影是否會持續上映。

巴菲特曾經說過：「股票投資就跟報導新聞一樣。」就**與人訪談、蒐集資料、挖掘事實真相這幾點而言，股票投資與新聞記者的工作確實有異曲同工之妙。**

　　然而，化身為新聞記者的投資人，沒有必要去追逐那些重大事件。你可以實際到家電賣場，思考那些暢銷商品大賣的理由何在，或是聽取身邊的人的意見與實際使用商品的感想、利用網路的關鍵字查詢等等。化身為新聞記者，你可以調查的事項不勝枚舉。

　　而且，不要因為買了股票就停止這類調查工作，還要持續調查這項商品的銷售是否有成長、滯銷的理由為何等等，如此一來，任何人都可以磨練出精準的投資家眼光。

化身為新聞記者，仔細調查企業

1 蒐集情報

2 親赴現場

3 實際試用

4 仔細分析

12 選擇穩定創造利潤的公司

▌本業穩定的企業是巴菲特的最愛

　　巴菲特對於引起一時注目的股票並不感興趣，他更感興趣的是長期以來成功且獲利持續成長的企業。因為巴菲特選股的另一個關鍵就是「獲利穩定」。

　　說到這方面的代表，當然非可口可樂莫屬。可口可樂在1880年代從販售碳酸飲料起家，到100多年後的今天，也還是販售著一樣的碳酸飲料。起源自美國的可口可樂，至今已經擴展到200個以上的國家。不管是便利商店，還是超級市場，這家公司的商品觸手可及。而且只要一看到那個紅色商標，不分男女老幼都知道那就是「可口可樂」。

而以刮鬍刀聞名全球的吉列公司，為了維持品牌的競爭力，也花了不少經費在開發新產品和產品的改良上，並致力於專利權的保護。創造了歷經長時間穩定成長的收益，使吉列得以一直保有刮鬍刀業界龍頭的地位。即使吉列現在已併入 P&G 寶僑公司旗下，其品牌力比起當年仍舊絲毫未減。

▍以「每股盈餘」檢測企業的穩定性

　　說到巴菲特最重視的「穩定性」，身為投資人應該用什麼指標來檢測一家企業穩定與否？

　　雖然說任何企業都無法保證未來的成長，但觀察過去利潤是否穩定成長，仍是一個衡量指標。根據巴菲特的說法，只要支撐企業的核心事業未來不發生遽變，那麼從企業過去的績效表現就能預測未來，也能當成投資與否的判斷依據。

　　其中最有用的判斷指標就是「每股盈餘」（EPS），這是將企業的稅後淨利除以總發行股數後得到的數字。每股盈餘數值越高，意味著股東的資金被很有效地用來創造利益。

善用「每股盈餘」的數據

每股盈餘是這樣算出來的

淨利應歸給股東

$$每股盈餘（EPS）= \frac{稅後淨利}{總發行股數}$$

數值越高，代表
企業的價值越高

除以所有股數

比較 A 公司與 B 公司

	A 公司	B 公司
1999 年	155 元	54 元
2000 年	166 元	184 元
2001 年	163 元	-101 元
2002 年	174 元	123 元
2003 年	181 元	-77 元
2004 年	112 元	-94 元
2005 年	147 元	180 元

如果光看這些年度，
B 公司表現較佳

暫時性下滑

毫無疑問，巴菲特會選擇
每股盈餘數值較為穩定的 A 公司！

假設你正在檢視數家企業中的哪一家值得投資，可以試著調查最新的每股盈餘數值，如果發現某家公司的每股盈餘特別高，那可能就是不錯的投資對象。

然而，巴菲特不會僅憑一年的數字做判斷。由於他要買的是要能夠「終生持有」的股票，因此，他會追溯過去五年或十年的歷史數值，並且審慎觀察未來是否也能穩定維持相同水準。

例如去年還處於虧損狀態的公司，今年在每股盈餘方面表現亮麗，相較於這樣變動劇烈的公司，每股盈餘能穩定維持高水準的公司，才是巴菲特青睞的績優概念股。如同上頁圖表下方 A 公司與 B 公司的比較一般，毫無疑問，巴菲特一定會選擇 A 公司。

13 選擇未來展望看好的公司

▌相對優勢 vs 大宗商品

巴菲特在 1995 年波克夏的股東大會上曾經說過下面這段話：

> 我們一直追尋的，是會用我們投入的資金創造出相對高報酬的公司。尤其，未來是否還能持續上述狀態是相當重要的。因此，我們重視一家公司是否具有長期的相對優勢。

也就是說，巴菲特感興趣的公司，不僅事業內容必須簡單易懂，還要具有能贏過競爭對手的壓倒性優勢。他把只有

特定公司才能提供的優勢稱為「相對優勢」，認為擁有相對優勢的企業，未來展望一定也會很好。

反之，他把那些不具吸引力的事業稱為「大宗商品」。也就是產品或服務沒有明顯特色，馬上就會面臨削價競爭的事業。

巴菲特認為的代表性大宗商品事業有瓦斯、小麥、木材等。可是，大宗商品也會隨著國家或時代而有所不同。例如在日本，汽車或電腦等產業，即使以往因為優良的發明而大獲好評，具有相對優勢，但現在不管是哪一家公司都在為差異化而煞費苦心。

為了讓各位理解具有相對優勢的事業與大宗商品事業之間的差異，請各位回想自己曾經到咖啡廳的情景。當你走進咖啡廳，點了一杯柳橙汁，你會指定特定品牌的柳橙汁嗎？大部分人應該都只會說「請給我一杯柳橙汁」吧。那麼，對咖啡廳的老闆而言，只要柳橙汁的品質相同，哪一家公司製造的都無所謂，那當然是越便宜的越好。由於大家都是這麼想，自然導致柳橙汁陷入價格的流血戰。

然而，換成可樂的話又會如何呢？你應該會說「請給我

可口可樂」吧，這就是所謂具有相對優勢的事業。由於這項商品或服務是由消費者選擇的，所以無須擔心捲入削價競爭中，自然能有較好的利潤成長。

▋ 賦予大宗商品「品牌」，就能建立優勢

其實，就算是大宗商品，還是可以設法取得相對優勢，生產西部牛仔靴的賈斯汀工業（Justin Industries）就是很好的例子。這家公司已於 2000 年為波克夏所併購。

過去，賈斯汀工業的營收為時尚風潮所支配。只要有知名的時裝設計師採用西部牛仔風的造型，西部牛仔靴就會大賣。可是當流行過後，就必須面臨嚴苛的時期。

趁著經營高層更迭之時，賈斯汀工業也順勢導入企業改造。為了刪除多餘的成本，公司將類似設計的鞋款整合在一起，並重新檢視從製造到銷售的流程。另一方面，為了提高西部牛仔靴的競爭力，也投入不少心力在新產品的開發上，結果終於讓跌到谷底的業績再次回升。

現在，聽說很多人到了西部風格的店裡就會指定「我想給兒子買雙新的賈斯汀」呢！

▌企業的「護城河」越大，前景越看好

巴菲特將可口可樂及賈斯汀工業所擁有的相對優勢比喻為企業的「護城河」。他在尋找未來前景看好的企業時，也會將「護城河」的大小列為評估重點。

當企業的護城河越大，縱使產業的競爭激烈，或一時景氣不佳，業績也能夠穩定地成長。反之，護城河越小，即使周遭環境只是發生些微變化，也很可能會危及企業的存續。

那麼，要怎麼做才能擴大企業的護城河呢？

答案是設法擁有其他企業所沒有的強項，例如擁有強大的品牌、劃時代的技術、獨一無二的商業模式、優異的商品設計、即使售價比其他公司便宜也能讓利益成長等等，都可以讓企業的護城河變大。

企業的「護城河」越大越好

外部環境

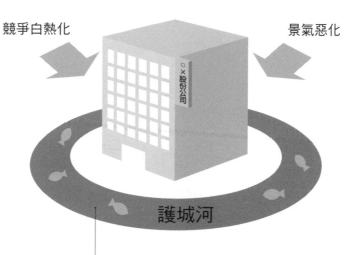

競爭白熱化

景氣惡化

○×股份公司

護城河

讓護城河變大的重點

· 強大的品牌
· 優越的技術
· 獨特的商業模式
· 優異的設計

藉此創造出劃時代或獨一無二的商品

只要擁有比競爭對手更出眾的強項，就會有更多客戶指定消費，這麼一來，企業將得以奠定不可動搖的地位。相信各位身邊一定也存在著護城河又寬又大的企業，趕快去尋找看看吧！

14 檢視經營者是否理性思考

▌企業的未來終究繫於經營者

　　由於巴菲特是以成為企業主的心態在選擇投資標的，自然會針對經營者的資質進行嚴格的評估。倘若經營者並非能幹且誠實，儘管企業的未來展望一片光明，他也絕對不會投資。對此，我也深表贊同。

　　過去我在證券公司服務的時候，有一位客人，大家都稱他為「松下先生」或「本田先生」。一開始我以為那是他的本名，後來才發現並非如此。原來他是因為相當景仰松下幸之助（Panasonic 創辦人）和本田宗一郎（HONDA 汽車創辦人）的品格，而長期大量持有這兩家公司股票的投資家。

這類投資人抱持的投資心態就是，無論股價再怎麼上漲也不會賣出，反而在股價下跌時還會持續買進。

由於購買股票相當於持有企業的一部分，我們有必要事先了解領導這家企業的經營者是什麼樣的人。如果經營者是值得信賴的人，我們當然就能安心地把錢交給他運用。

巴菲特曾經說過：

我只和值得尊敬的經營者共事，未來我也不打算改變這個原則。遵守這個原則，不僅可以讓獲利提升的可能性最大化，還可以保證我的人生過得無憂無慮。跟會讓自己胃痛的人一起共事，簡直就跟為了錢而結婚沒什麼兩樣！

▌從盈餘的使用方法了解經營者的想法

巴菲特認為，具有魅力的經營者，應該是行事理智、對股東誠實、能夠打破慣例並獨排眾議的人。他認為只要是符合這三個條件的經營者，就能提升股東的價值。

以下我們先介紹幾個判斷經營者是否理智的重點。

最能表現經營者想法的就是盈餘的分配方式，也就是如何使用賺來的錢。

企業跟人一樣都有所謂的「生命週期」，在年輕且成長迅速的時候會把賺來的錢投入新工廠的建設或新產品的開發，以達到更多的成長。一旦成長到某個階段，速度就會開始慢下來，而扣除成本後剩餘的錢也越來越多，到這個階段，如何使用剩餘的錢就是重點所在了。

如果把剩餘的錢拿去再投資，可以創造出令股東滿意的利潤，那麼當然不做其他第二選擇。問題就在於無法創造出足夠利潤的時候，巴菲特認為，這就是考驗經營者的想法是否理智的時候了。

此時，這些錢的用途有以下三種選項：

1　縱使投資效率不佳，還是繼續投資
2　收購其他公司，以獲得成長機會
3　將手頭持有的現金還給股東

一般而言，選擇 1 的經營者往往輕易認為投資效率不佳只是暫時性的問題。然而，如果經營者無法確實掌握公司的狀況，往往會造成浪費，所以就這一點而言，繼續投資並不能算是理智的行為。

　　其次，巴菲特對於選擇 2 的經營者抱持懷疑的態度，因為在煩惱如何運用盈餘時、選擇去收購其他公司，往往都會買貴，損及股東權益的可能性相當高。

　　巴菲特認為，選擇 3「將手頭持有的現金還給股東」才是最理智的做法。因為，當公司已經無法再創造令股東滿意的利潤時，把現金還給股東，才是考量股東利益最大化的合理行為。

▎如何把盈餘還給股東？

　　當公司要將盈餘還給股東的時候，可以選擇的做法有「增加配發現金股利」，或是「執行買回庫藏股」。

　　增加配發現金股利能讓股東自行尋求其他投資機會，有

回答 1 縱使投資效率不佳，還是繼續投資

回答 2 收購其他公司，以獲得成長機會

問：如何使用剩餘的資金？

還給各位

回答 3 將手頭持有的現金還給股東

就股東效益最大化這一點來看，3才是正確答案

效運用個人資產。相較於美國企業，一般日本企業配發現金股利的比例偏低，但最近企業開始風行重視股東的經營方式，因此配發現金股利的比例也有逐漸增加的趨勢。

但是，這不表示盲目地增加配發現金股利就是好的。將盈餘配發給股東的時機，應該是在相較於公司再投資所得的利益，投資人可以得到更高投資報酬率的時候。

事實上，波克夏從來不配發股利。1985 年，巴菲特曾經向股東提出三個方案：

1　像之前一樣，將盈餘全數再投資，不配發股利
2　將 5％至 15％的盈餘拿來配發股利
3　和其他美國企業一樣，將盈餘的 40％至 50％拿來配發股利

結果有約九成的股東選擇將盈餘全數再投資的方案。

因為波克夏的股東們判斷，與其拿到配發股利，還不如繼續交由巴菲特投資，可以獲得更高的報酬率。

把盈餘還給股東的第二個方法是買回流通在外的股份，

也就是所謂的「執行買回庫藏股」。當公司從公開市場買回股份，流通在外的股數就會變少，平均每股價值就會因此提升。

這種方法雖然很難讓人聯想到與股東有什麼直接的利益關係，但是在企業的股價低於企業實際價值的情況下，這麼做對股東的確有利。

曾經有人問巴菲特，當波克夏的股價低於實際價值時，會不會考慮買回庫藏股，巴菲特這麼回答：

這是相當合理的行動，我想我應該會這麼做。不過，這僅限於波克夏的股價比我們感興趣的其他公司的股價還被低估的情況。

真不愧是永遠在比較各種方法，以持續追求更高獲利的巴菲特！

15 | 檢視經營者是否誠實面對股東

▌經營者是否回應股東想知道的事？

巴菲特不僅給予誠實面對股東的經營者相當高的評價，他也期望經營者對於業績部分能據實以告。尤其當股東提出以下問題時能否好好回答，他認為非常重要。

1　企業的價值大約是多少？
2　負債能否如期償還？
3　在各種條件的限制下能否妥善經營？

波克夏的年報就是一個很好的典範，其中雖然沒有吸引人的圖表，卻滿載了許多可供股東正確判斷業績好壞的相關

資訊。這就是巴菲特誠實面對股東的表現。

　　2001 年，美國相繼爆發安隆（Enron）等企業醜聞案，不僅有許多會計作帳陷阱，甚至為財報背書的會計師事務所都跟著同流合汙。巴菲特尤其厭惡這類會計醜聞事件，他曾說過，為了防堵這類行為，除了重新審視會計制度，更應該追究經營者貪婪與謊言的刑責。

　　最近讀了許多企業的財報，我發現，很多企業的損益表都只是表面化的內容。會做出這種財報的經營者就像是在對股東說：「這些那些都可以省略不看，只要看我們創造出高額利潤的部分就夠了。」令人感到汗顏的是，其實每年都有不少經營者公布這種財報，大言不慚地請投資人忘了他所做的壞事。

　　這些經營者的心態無異於是背叛股東，這種行為讓巴菲特感到很生氣。因為他認為股東是企業的所有者，而不懂得珍惜股東的企業是絕對無法有所成長的。

洞察卓越經營者的竅門

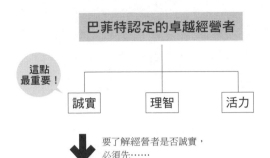

巴菲特認定的卓越經營者

這點
最重要！

| 誠實 | 理智 | 活力 |

要了解經營者是否誠實，
必須先……

看經營者是否公開正確的訊息

・企業的價值大約是多少？
・是否有足夠能力償還借款？
・是否能妥善經營企業？

試著出席股東大會

・公司是否尊股東為「主」、視己為「從」？
・公司能否真誠地回答股東的問題？

檢視公司能否坦率地談論錯誤

・遇到不利於自己的話題時是否絕口不談或巧妙迴避？
・能否從錯誤或失敗中學到教訓？

企業能有所發展，是拜股東所賜

為了解經營者對股東是否誠實以對，方法之一就是親自出席股東大會。雖然企業每年都會召開股東大會，但不可否認，很多還是流於形式，或淪於奚落聲此起彼落的氣氛中。

相較之下，波克夏的股東大會則完全相反。巴菲特向來尊股東為「主」、視己為「從」，因此波克夏一貫的心態總是感謝股東讓公司有所發展。

每年 5 月在奧馬哈召開的波克夏股東大會總是擠滿數千人，為了親耳聆聽巴菲特的演講，從世界各地蜂擁而來。每年此時，寧靜的小城奧馬哈就會變得熱鬧無比。

巴菲特總是親自回答股東的所有問題，而且為了不中斷發問，就算到了午餐時間也只休息 30 分鐘，之後繼續回答問題。

股東大會的入口處像極了商店街，可口可樂、時思糖果、Ginsu 公司的刀具、World book 公司的百科全書等，全都是和波克夏淵源深厚的企業所生產的產品。

大會甚至還安排了參觀行程，聽說這是為了娛樂兼教育股東的雙重目的所設計。巴菲特逢人就會親切地說：「既然來到了奧馬哈，當然要到內布拉斯加家具賣場，現場親自會會 B 太太囉。」

每年參加波克夏股東大會的人數總是有增無減，為什麼他們會不辭舟車勞頓地來到奧馬哈這個小城呢？對於這個問題，巴菲特總是笑著答道：「大家可能是想親自體驗一下當老闆的快感吧！」

▍懂得從失敗中學習的經營者才值得信賴

自從巴菲特向摯友查爾斯‧蒙格學到「企業的失敗經驗也具有研究價值」的觀念之後，對於能夠坦率談論自身失敗經歷的經營者，巴菲特都會給予高度評價。他對於自己的失敗經驗也是毫不遮掩地公開談論：

> 我曾經投資全美航空（US Air）的特別股，但那一開始就是個失敗。因為我並非判斷它是出色的事業才投資，世界上並沒有那麼多出色的事業。

談到失敗的原因，巴菲特說：

自從萊特兄弟首次成功飛行以來，儘管人類已經投
入上億美元的資金，整體航空產業到現在還是處於
虧損狀態。航空技術的進步或許對人類而言是偉大
的一步，對資本主義卻是很大的退步。

為了表示他絕對不會再重蹈覆轍的決心，他語帶幽默地
說：

有人告訴我一個慈善團體的免付費電話號碼，當我
又動念想買航空公司股票的時候，就打這支電話告
解：「我叫華倫，我不是酒精中毒（alcoholic），
而是航空股中毒（aeroholic）。」接電話的人一定
會安慰我吧。

巴菲特在 1989 年的年報刊載了「最初 25 年間的失敗」，
坦承自己曾經犯過的錯誤。之後標題改為「最新的失敗」，
每兩年報告自己最近犯過的錯誤。他深信，能侃侃而談自身
失敗經驗的經營者，才能從失敗中記取教訓。他不僅尊崇這
樣的經營者，同時也不忘鞭策自己效法這樣的做法。

巴菲特曾經犯過哪些錯誤？

錯誤 1　買下不具相對優勢的企業

巴菲特曾經坦承買下波克夏其實是一大錯誤。雖然波克夏後來成功轉型為投資公司，但是在轉型過程中放棄原本的纖維事業，造成股東與員工的困擾。

錯誤 2　誤投資了有問題的產業

巴菲特坦承投資德克斯製鞋是錯的。因為在他收購之後，其他競爭對手將製造工廠移到亞洲，只需以原來 1/30 的成本就能生產一雙鞋。

錯誤 3　過早出脫持股

巴菲特年輕時曾經以 1 萬美元買進蓋可公司的股票，一年之後以 1 萬 5,000 美元的價格出脫持股。未料，蓋可的股價繼續走揚，巴菲特只好以更高的代價再投資蓋可公司。

錯誤 4　明知企業的潛在價值卻沒有付諸行動買進

巴菲特相當後悔沒有早點買進沃爾瑪公司的股份。他明明對零售業相當了解，手上也有足夠的資金，卻沒有付諸行動，一直到後來才買進沃爾瑪公司的股份。

資料來源：《華倫‧巴菲特的財富》

經營者能夠誠實地面對股東，這對經營者自己而言也有好處。要是經營者欺騙股東，很可能有一天自己也會被騙。

　　巴菲特常說，評估一個人的時候有三大重點：

　　誠實、理智與活力。然而，一旦沒有了誠實，理智與活力可能會惹出麻煩！

　　因此，巴菲特始終認為，經營者的誠實甚過一切。

16 検視經營者能否戰勝模仿的誘惑

▎無法抵擋模仿誘惑的人們

對於頭腦好到能成為經營者的菁英而言，要做到理智思考與誠實面對股東似乎並非難事。然而，為什麼還是有那麼多經營者做不到呢？

巴菲特以「法人機構的盲從行為」一詞作為說明，雖然看似是艱澀的專業術語，但簡單來說，就是很容易不自覺地模仿別人。

巴菲特對於人類心理學向來很感興趣，經常試圖從心理層面來解讀投資人和經營者令人難以理解的行為。為了用簡

單易懂的方式讓一般大眾了解這些人的特徵，有一次，他說了下面這個寓言故事。

一個石油探勘業者被召喚到天國，聖彼得告訴他：「雖然你可以住在天國，但是由於石油相關業者居住區已經額滿，目前無法將你安插進去。」

男子想了一下，問他是否可以對居住區的居民說一句話就好。聖彼得認為應該沒什麼關係，就應允了他的請求。

結果這個男子作勢大喊：「地獄發現石油囉！」居住區的大門突然敞開，一大群石油相關居民爭相擠著往地獄去。

聖彼得相當佩服這位男子，便邀他入內休息。沒想到這位男子停下腳步，並回答說：「不，我也要跟他們一起去，那個謠言說不定會成真呢！」

▎經營者無法抵抗模仿誘惑的原因

巴菲特認為,「法人機構的盲從行為」這個詞是他一生中最驚人的發現。

為什麼聰明而優秀的經營者,在商業世界裡會因為「法人機構的盲從行為」而失去理性呢?

同樣的情形在日本的企業也很常見。例如,當某家公司因為裁員,成果大大提升,其他公司就會群起仿效,也開始裁員。之後,當風潮變成「員工動機」比什麼都重要,大家又會開始高聲齊呼「員工動機」。如果原本就是這麼深信不疑才付諸實行的話,那還情有可原,但模仿其他企業導致成果不彰的案例似乎不在少數。

那麼,為什麼經營者會無法抵抗模仿誘惑呢?以研究巴菲特而聞名的羅伯特・海格斯壯在《巴菲特勝券在握的 12 個原則》一書中將巴菲特的想法整理如下:

1 企業拒絕改變現行做法
2 經營者無法抗拒想要採取一些行動的欲望,只要

一有閒錢，就會把資金全部用來收購企業

3　經營者總是在跟同業比較營收、淨利、董事酬勞
　　等等，結果在不知不覺當中陷入模仿對方的做法

4　幾乎所有的經營者都會過度膨脹自己的能力

5　只要是經營者熱中的事業，不管那有多麼愚蠢，
　　下屬也會利用調查報告將它合理化

以上這幾點，可能讓不少人感到有點刺眼吧！

▌ 要評估經營者，請看他過去的發言

巴菲特給予高度評價的經營者，是理智、對股東誠實，
而且能避免「盲從行為」的人。我們雖然認同，但一般投資
人要評估這些項目，可能比單純評估財務數字還要難。

在這方面花費時間與心力似乎有點捨近求遠的感覺。然
而，經營者比任何財務報表都更能體現一家企業的本質。巴
菲特認為，只要多花點時間在經營者的評估上，很快就能提
前捕捉到財報數字代表的資訊。

經營者無法抵抗模仿誘惑的原因

1 只想沿襲以往的路線

2 一有閒錢就想花掉

3 愛與同業比較

4 過度膨脹自己的能力

5 經營者熱中的事業
　經常被合理化

資料來源：《巴菲特勝券在握的 12 個原則》

那麼，該怎麼做才能評估經營者呢？

首先，找出這家公司兩到三年前的年報，詳細閱讀經營者對於未來營運計畫的說明，然後對照當時的計畫與現況。計畫實施到什麼程度了？是否已經實現？經營者的發言是否說謊或欺瞞？還有，兩三年前的企業策略與現在的策略相較之下是否有什麼變化？然後跟競爭對手的年報做比較，營運方針上有哪些不同之處，只要詳加觀察，許多答案都會一一浮現。

▌閱讀年報時的注意事項

巴菲特也提醒我們，在閱讀年報時有一些注意事項：

1　留意那些沒有按正規流程處理會計帳的公司
2　對於那些大聲強調預期收益和成長可能性的公司，要持保留態度
3　留意那些不顯眼的財務報表附注

其中需要特別留意的是第三點，因為年報的附注往往就

是隱藏經營者不欲人知的事實之處。

巴菲特曾經這麼說過：

各位或許一直以為年報的附注必須是專家才能寫，
其實並非如此。只要寫到自己也看得懂就可以了。
如果遇到看不懂的附注，可能是因為寫的方式太拙
劣了。如果是我，絕對不會投資寫出這種附注的公
司，因為公司不希望投資人了解得太清楚的心態已
經透過字裡行間表露無遺！

除了年報之外，藉由閱讀報章雜誌、聆聽經營者的演講、
檢視企業的網站內容等，都可以更進一步了解經營者的為
人。只要平時多加留意蒐集各式各樣的情報，就算是個人也
一樣能掌握不少相關資訊。

CHAPTER 4
從數字找出
巴菲特
概念股的方法

17 　發掘股東權益
　　　報酬率高的公司

　　巴菲特在閱讀年報時，最重視的就是財務內容。由於巴菲特長期觀察股價變動，能將此當作反映企業業績的鏡子，所以留意這些數字也很理所當然。

　　本章將進一步介紹巴菲特如何解讀資產負債表、損益表和現金流量表。通常，巴菲特會先把重心放在與營收和淨利相關的財務數字上，接著以下列三個數據作為選股的判斷基準：

1　股東權益報酬率（ROE）
2　營業利益率
3　業主盈餘

▋巴菲特重視的「股東權益報酬率」是什麼？

　　巴菲特重視的股東權益報酬率到底是什麼？簡單來說，**就是用來衡量企業是否有效運用股東的資金，為股東創造利益的指標。**

　　股東權益報酬率是由「稅後淨利 ÷ 股東權益（淨值）」計算而來。

　　這就像是當你打算把錢存在銀行時，如果每家銀行的利率不同，你一定會選擇利率較高的那一家。股票投資也是相同的道理，只要企業能有效地運用股東投入的資本，投資人就能獲得更大的報酬。股東權益報酬率就是可以用來判斷這一點的指標。

▋從財務報表試算股東權益報酬率

　　為了更了解股東權益報酬率，請先牢記「財務報表」這個名詞。財務報表是由資產負債表、損益表、現金流量表三

者組合而成。

　　資產負債表是統整企業某個時間點的資產、負債、股東權益等明細的一覽表。損益表則是將企業一年來的成績透過「營收－成本＝利益」的方式呈現，因此一看就可以知道企業究竟賺進或虧損了多少。至於現金流量表，則是以「收入－支出＝盈餘」的方式來表現企業這一年中現金的出入狀況。

　　為了計算股東權益報酬率，我們必須從三者中的資產負債表與損益表裡各取一個數字出來。

　　首先，在資產負債表的右下方有一個名叫「股東權益」的項目，這個數字就是用來計算股東權益報酬率公式的分母。接著，我們再看損益表的最下方有一個寫著「本期稅後淨利」的項目，這個數字就是用來計算股東權益報酬率公式的分子。只要記住這個公式，就可以算出各家公司的股東權益報酬率了。

　　接下來，讓我們實際利用股東權益報酬率來比較 A 公司與 B 公司這兩家企業。請看下頁的範例，A 公司與 B 公司一樣都是資產 1,000 億元、負債 300 億元、股東權益 700 億元的公司，可是稅後淨利的部分卻有所不同。

善用「股東權益報酬率」的數據

股東權益報酬率是這樣算出來的

損益表
營收
營業成本
營業外損益
稅前淨利
營業所得稅
本期稅後淨利

$$股東權益報酬率（ROE）＝ \frac{本期稅後淨利}{股東權益} \times 100\%$$

由此可知企業利用股東的資金賺了多少利潤

資產負債表	
	股東權益

試比較 A 公司與 B 公司

	A 公司	B 公司	
資產	1,000 億元	1,000 億元	
負債	300 億元	300 億元	
股東權益	700 億元	700 億元	兩者的股東權益一樣
稅後淨利	140 億元	42 億元	稅後淨利卻大不相同
股東權益報酬率	20%	6%	

A 公司相對較具魅力！

A 公司的稅後淨利為 140 億元，所以計算得出股東權益報酬率為 20％；而 B 公司的稅後淨利為 42 億元，所以計算得出股東權益報酬率僅有 6％。

　　也就是說，A 公司與 B 公司的股東權益報酬率很顯然差了三倍以上，從投資者的角度來看，當然是 A 公司相對較具魅力。

▌用專家的角度看股東權益報酬率

　　然而，在判斷股東權益報酬率時，有幾點必須加以留意。

　　首先，基於長期投資的原則，巴菲特在看股東權益報酬率時不會只參考單一年度的數字，他看的是五到十年的長期走勢。**因為相較於單一年度股東權益報酬率數字表現突出的公司，十年間都穩定維持在相當水準的公司，未來股東權益報酬率應該比較可能穩定成長。**

　　其次，因為股價隨時都在起伏變化，這會對股東權益報酬率造成影響。例如，縱使稅後淨利（分子）很高，只要股

價飆漲，使得股東權益（分母）跟著增加，結果得出的股東權益報酬率數字就不怎麼樣了。相反地，也有可能發生因為股價下跌，造成股東權益減少，即使稅後淨利不多，得出的股東權益報酬率數字卻偏高的狀況。

　　巴菲特指出，第三點要注意的就是在看企業獲利時，應該專注在本業的獲利。例如對出版社而言，出版書籍、雜誌才是本業，如果投資其他像是不動產或股票的非本業事業，實質獲利就會因此大幅扭曲。因此，在看損益表的時候不應該只看淨利，還要一併留意「營業利益」（參見第170頁），也就是要檢視經營者是否將股東的資本運在本業上創造獲利。

　　第四點就是當企業沒有負債或借款金額不大時，也應該要能創造高獲利才對。因為當負債的比重拉高，分母的股東權益部分就會被壓縮變小，連帶使得股東權益報酬率數字被高估。只要檢視資產負債表上的負債總額，就可以辨別這一點。

　　巴菲特從未想過要利用舉債來提升波克夏的股東權益報酬率，因為負債比例變高，會使得財務體質在景氣不好時更形惡化。

18 發掘營業利益率高的公司

▍撙節成本並不是什麼特別的大事

　　巴菲特無法容許那些肆意浪費成本的經營者，所以他投資的公司的經營者都是抹布補了又補、省到不能再省的人。富國銀行的董事長、美國運通的經營者都是這類型的經營者，縱使他們為公司創下最高獲利的輝煌紀錄，都還是不遺餘力地撙節成本。所以對巴菲特而言，撙節成本並不是什麼特別的大事。

　　每當我聽到某家公司正在實施撙節成本的新聞時，我會認為這家公司對成本的了解還不夠清楚。撙節成本不是一蹴可幾的，就像我們早上醒來時不需要

下定決心：「好，現在開始呼吸吧！」優秀的經理人也不用去想什麼：「好，今天就來降低成本吧！」

▌巴菲特重視的「營業利益率」是什麼？

巴菲特之所以會特別注重營業利益率，其實和前述心態息息相關。然而，他為什麼會選擇這個數字當作投資判斷的基準呢？

營業利益率是用來檢視營收（銷貨收入）究竟為公司創造出多少營業利益，這可以由「營業利益 ÷ 營收（銷貨收入）」公式計算得知。一般認為，這個數值越大，代表本業獲利能力越佳。

營收和營業利益等數值可以在損益表上找到。接著，讓我們看看營收與營業利益之間的關係。

營收指的是企業販售產品和服務所得的銷貨總額。假設你經營一家便當店，如果賣出兩百個 50 元便當，那麼營收就是 1 萬元。

營業利益則是營收扣除「營業成本」與「管銷費用」之後的剩餘利益。營業成本是製造商品必須花費的成本，以便當店的例子來看，相當於製作便當必須花費的食材成本。管銷費用則是企業為了維持營運必須花費的成本，像是租借店鋪需要支付的租金與人事費用，就相當於這個部分。營收扣除這兩項費用之後，所得的數字就是營業利益。

也就是說，想要提升營業利益率，必須讓營收增加或降低前述兩項費用，甚至是兩者並行。如果能在增加營收的同時，降低這兩項費用，營業利益率就可以進一步獲得提升。

此外，營業利益率也會因產業的不同而有很大的差異，所以應該避免單憑數字判斷企業的好壞。重要的是，必須盡可能與同業競爭對手，還有業界的平均值交叉比對。

經過這樣的說明，我想各位已經很清楚為什麼巴菲特無法容許那些肆意浪費成本的經營者了。

巴菲特對於成本的管控相當嚴格，他隨時都在思考創造每一元營收的合理成本應該是多少。據說波克夏只聘請必要的最少數員工，甚至連法務部門跟公關部門都沒有，透過這些努力，波克夏的管銷費用只占營業利益的 1% 不到。

善用「營業利益率」的數據

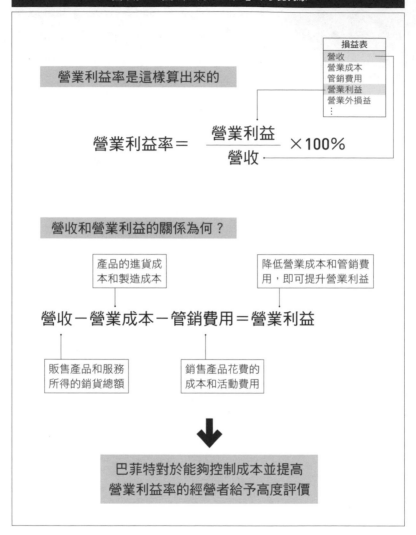

營業利益率是這樣算出來的

損益表
營收
營業成本
管銷費用
營業利益
營業外損益
⋮

$$營業利益率 = \frac{營業利益}{營收} \times 100\%$$

營收和營業利益的關係為何？

產品的進貨成本和製造成本

降低營業成本和管銷費用，即可提升營業利益

營收－營業成本－管銷費用＝營業利益

販售產品和服務所得的銷貨總額

銷售產品花費的成本和活動費用

巴菲特對於能夠控制成本並提高
營業利益率的經營者給予高度評價

誠如巴菲特所言：

請跟獲利相同、但管銷費用占營業利益10％的公司
比較看看這個數字，這表示，那些公司的股東因為
管銷費用而喪失了應得利益的9％。

　　各位打算投資的企業，管銷費用又是如何呢？還是仔細
看看損益表吧！

19 發掘業主盈餘高的公司

▍企業的現金流量為什麼重要？

　　巴菲特在進行投資的時候會先參考「業主盈餘」這個數字。為了讓各位理解業主盈餘，先讓我來解釋什麼是現金流量。

　　現金流量是用來表示企業的金錢流向。簡單來說，透過損益表中的「營收－成本」，我們可以得知「事業能產生多少利益」；而透過現金流量表中的「現金收入－現金支出」，我們可以得知「手頭上還有多少現金」。

　　為什麼現金流量如此重要？各位應該聽過有關「黑字破

產」的新聞，儘管公司損益表上顯示出高額獲利，實際上卻陷入現金短缺的窘境。

例如，有些公司會大量進貨，的確，如果想要賺取更多利益，當然得增加進貨與庫存。但有時候難免會發生商品無法如預期熱賣的情況，這麼一來，就會面臨大量庫存壓力及現金短少的困境。

從現金流量表就能識破上述狀況。帳面有獲利與實際握有現金，完全是兩碼事，就像家庭主婦記錄收支的帳本一樣，對企業營運而言，審視「實際流入的現金（收入）－花費流出的現金（支出）」之間的流動情況非常重要。

▌現金流量有三大類

現金流量可以分為三大類：

1　營業活動的現金流量
2　投資活動的現金流量
3　融資活動的現金流量

到目前為止，我們談的都是屬於營業活動的現金流量，它表示本業的現金狀況，可以說是其中最重要的一項。

首先，讓我們來檢視營業活動的現金流量是否為正數。在日本，現金流量的數字可以在有價證券報告書與財務報告中找到，《企業四季報》也會刊載。

其次，投資活動的現金流量，指的是企業從事投資活動創造出來的現金流量，如果有購入工廠或設備的情況，這個數字通常會呈現負數。反之，如果將這些設備出清，則會呈現正數。由於企業是為了將來的成長而投資設備，所以即使投資活動的現金流量是負數，也不見得會有什麼問題。

最後，融資活動的現金流量，則是指企業透過融資或發行股份等財務活動所創造的現金流量。例如，當企業向銀行融資獲得借款，這個數字就會呈現正數。如果從借款越少越好的角度來看，這個正數顯然是不怎麼受歡迎的。可是，當企業發行股份而有現金入帳時，該數字也會同樣呈現正數，因此，無法單純就融資活動的現金流量數字正負值來判斷好壞。

現金流量分為 3 大類

1　營業活動的現金流量

　・提供商品或服務的所得收入
　・進貨商品或原材料的支出
　・人事費用的支出
　・支付營業所得稅等

> 表示本業賺了
> 多少現金

2　投資活動的現金流量

　・買賣有價證券的收入（支出）
　・買賣固定資產的收入（支出）

> 表示本業賺得
> 現金的用途

3　融資活動的現金流量

　・借款的收入
　・償還借款的支出
　・發行股份所得的收入
　・支付股利等

> 表示資金如何
> 籌措與償還

檢視營業活動的現金流量
是否為正數

巴菲特推崇的「業主盈餘」是什麼？

如前所述，代表本業實力的營業活動的現金流量最好是正數，而且越大越好。只要營業活動的現金流量持續保持正數，這就是一家可以靠本業持續創造利益的公司。

不過，巴菲特指出問題的關鍵在於，營業活動的現金流量沒有將設備投資考慮在內。對於隨時都需要設備投資以維持營運的企業而言，營業活動的現金流量屏除了設備投資，很可能造成利益被高估。所以，如果只憑營運現金流量判斷，企業價值也會有被高估的疑慮。

因此，**巴菲特創造了「業主盈餘」這個數字，以取代現金流量來檢視企業的獲利能力。**

業主盈餘指的是，**營業活動的現金流量扣除每年的設備投資金額與營運資金之後所得的數字。這個數值在未來是否能夠持續保持正數，是巴菲特的投資基準之一。**

那麼，究竟哪些公司的業主盈餘表現是比較優異的呢？必須花費大筆設備投資金額的航空業和汽車業，業主盈餘都

有偏低的現象。而像可口可樂因為不需要巨額的設備投資，所以業主盈餘會維持在相當高的水準。

1973年，可口可樂公司的業主盈餘才1億5,200萬美元，但到了1980年，已經增加到2億6,200萬美元，以年增率8%的幅度成長。而1981年到1988年間，則從2億6,200萬美元增加到8億2,800萬美元，以年增率18%的幅度成長。隨著業主盈餘不斷成長，可口可樂的股價當然也跟著不斷攀升。

▌ 看自由現金流量，就能知道獲利能力

然而，實際上要自己計算業主盈餘可能會相當麻煩，這時候，將營業活動的現金流量扣除投資活動的現金流量，可以得出相當接近業主盈餘的數字，也就是「自由現金流量」。雖然說是「扣除」，不過由於投資活動的現金流量有時候可能是負數，在這種情形下，自由現金流量就是營業活動與投資活動的現金流量相加的總額。

自由現金流量指的是，企業在進行各項活動時「可以自

檢視可口可樂的業主盈餘

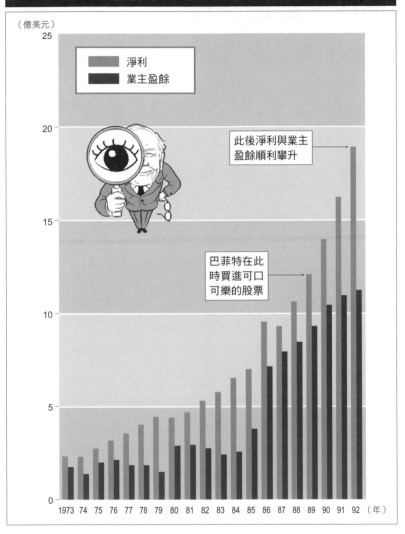

（億美元）

- 淨利
- 業主盈餘

此後淨利與業主盈餘順利攀升

巴菲特在此時買進可口可樂的股票

1973 74 75 76 77 78 79 80 81 82 83 84 85 86 87 88 89 90 91 92 （年）

由運用的現金」，經常用來表示企業價值。雖然和業主盈餘不盡相同，兩者的數據卻相當接近。

事實上，就算使用業主盈餘，也不見得就能正確地衡量企業的真正價值，因為未來的設備投資與營運資金包含了很多預測數字。雖然巴菲特也承認這一點，但是他引用經濟學家凱因斯（John Maynard Keynes）的話說：「我寧願模糊的對，也不要精準的錯。」

從古至今，就算是所謂的投資專家也都有過預測錯誤的時候，因此，當你無法得出正確數字時，也無須太過在意。最重要的是，不要只是茫然地進行投資，應該根據企業未來可能創造多大獲利的觀點來進行投資才對。

20 發掘企業價值被低估的股票

▍「安全邊際」越大，越能安心

就算找到最優異的公司，也不能保證你的資產一定會增加。因為是在高點還是低點買進股票，這兩者的風險截然不同。

誠如本書不斷反覆說明的，短期看來，雖然股價會因為投資人的投機意圖經常波動，但是長期下來，終究會反映出企業的真正價值。

因此，如果在企業價值被高估時買進，股價回跌的可能性相對就高，就如同買進高風險的物品一樣。**如果能把握在**

低價買進，就可以壓低風險。因為巴菲特厭惡風險，所以他只在股價與企業價值相比之下明顯被低估時才會投資。

最早傳授巴菲特這個想法的，就是他的恩師葛拉漢。葛拉漢倡導買進擁有足夠「安全邊際」的股票非常重要。

安全邊際指的就是企業價值與市價之間的落差。這個落差越大，就代表安全邊際越大。巴菲特的「價值型投資」就是衍生自葛拉漢的這個想法。

▎企業價值指的是「將來能賺進多少」

為了能在股價與企業價值相比之下被低估時買進，首先必須要能正確地判斷企業價值。雖然我們最近常聽到「企業價值」一詞，但價值不經過計算是無法得知的。

企業價值並非以去年賺進多少獲利或持有多少資產來界定，而是由**「公司將來能賺進多少」**而定。為什麼呢？因為股票投資買的是企業的將來性，只要公司未來能賺進高額利益，投資人就能獲得大量的投資收益。

葛拉漢的「安全邊際」是什麼？

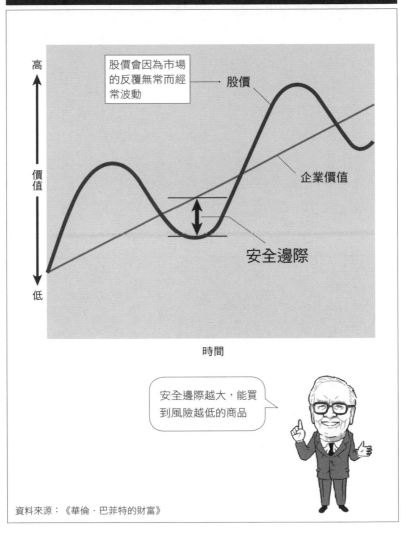

資料來源：《華倫‧巴菲特的財富》

在計算企業價值的時候，一般普遍採用第 178 頁介紹的自由現金流量（≒業主盈餘）來估算。先計算這家公司未來每年將創造多少自由現金流量，就能折現換算得出現在的價值。

這種將未來價值（也就是「終值」）轉換成現值的過程，稱為「折現」，是扣除掉資金利息、重新計算企業價值的一種計算方式。折現在財務管理上的運用相當廣泛，主要用意在於將未來不同時期的貨幣值，轉換成今日的價值，有助於在同一個時間點上比較價值。

至於為什麼要扣除利息？這是因為必須扣除時間造成資金成本所產生的利息，才能得到現值。舉例來講，今年的 1 億元與五年後的 1 億元相比，今年的 1 億元價值會比較高，因為除了通貨膨脹（物價上漲）會導致貨幣貶值之外，持有的現金也可投資賺取利潤，或置於銀行賺取利息。

例如，把今年獲得的 1 億元拿去投資公債，五年後就能幾乎沒有風險地獲得利息，使資產增加。因此，企業未來創造的現金流量必須扣除利息的部分，根據時間與利率來調整實際的價值。由於這個方法是以現金流量折現計算，所以又稱為「現金流量折現法」。

看到上述說明，可能有不少讀者已經開始感到厭倦了。事實上，由於企業價值的計算必須考量眾多因素，要正確地計算出來本來就很不容易。但讀者也不用因此灰心喪志，聽聽巴菲特與蒙格以下的對話內容，相信各位應該可以鬆一口氣吧。

蒙　格：華倫，雖然你說了很多有關現金流量折現法
　　　　的概念，但是我從來沒看過你實際計算過。

巴菲特：沒錯，這是因為如果股價沒有反映出「明
　　　　顯」被低估，就不能算是便宜的個股。

▌利用「股價淨值比」，找出相對便宜的個股

　　既然企業價值不是那麼容易就能計算出來，那麼，應該用什麼方法才能找出相對便宜的個股呢？

　　許多投資人都是用以下兩種指標來判斷股價是否相對偏低或偏高：

1 　股價淨值比（PBR）

2 　本益比（PER）

　　股價淨值比是由「股價 ÷ 每股淨值」計算得來。淨值是將資產減去負債，以表示股東持有的部分（即股東權益），每股淨值則是進一步將這個數字除以總發行股數。

　　根據股價淨值比就可以判斷目前股價是以每股淨值（股東權益）的幾倍在買賣股票。一般而言，至少要少於一倍才能算得上是相對便宜。

　　股價淨值比一倍，指的是股價 1,000 元，每股淨值也是 1,000 元的狀態。也就是說，假設公司要解散，清算所有剩餘資產後，還能償還剛剛好 1,000 元給股東的意思。

　　如果股價淨值比少於一倍，就表示股票的人氣低迷，已經跌破公司的清算價值，也就是股價相對便宜（被低估）的意思。

$$股價淨值比（PBR）= \frac{股價}{每股淨值}$$

可知目前股價是以每
股淨值（股東權益）
的幾倍在買賣股票

↓

$$每股淨值 = \frac{股東權益}{總發行股數}$$

$$本益比（PER）= \frac{股價}{每股淨利}$$

可知目前股價是以每
股淨利的幾倍在買賣
股票

↓

$$每股淨利 = \frac{淨利}{總發行股數}$$

因股價隨時波動，股
價淨值比與本益比值
也會跟著每天變動

▎利用「本益比」，找出相對便宜的個股

本益比則是用來表示股價是以每股淨利的幾倍在買賣股票，由「股價 ÷ 每股淨利」計算得來。

本益比越高，代表個股的人氣指數越高，所以股價可能相對偏高（被高估）。可是，到底是高估還是低估，無法單憑個股做判斷，應該要與業界平均值或這家公司過去的本益比相比較才行。而且要留意一點，市場上並不存在「幾倍以上就算是相對便宜」這樣單純的判斷基準。

具體的算法是假設股價為 1,000 元，每股淨利為 50 元，本益比就是二十倍。股價同樣是 1,000 元，但是每股淨利為 100 元時，本益比則是十倍。兩相比較之下，很顯然是後者相對便宜。

但即使股價淨值比或本益比相對便宜，也不保證股價一定會上漲。事實上，巴菲特雖然會參考以上指標，卻不會用來作為判斷的最終基準。

CHAPTER 5

成為富豪的
投資組合

21 投資組合是增加財富的戰略藍圖

▌什麼是「投資組合」？

這一章我們要介紹「投資組合」，進一步實踐巴菲特投資法。

最近經常會聽到「投資組合」這個詞。投資組合的英文「portfolio」原本就有好幾個意思，像是存放文件的檔案夾，或是戰爭時用的戰略藍圖等等。

投資組合指的是持有股票及債券的整體資產配置，確實和「用來整理多種文件的檔案夾」的原意沒有相差太遠。而且，由於投資組合的目的在於透過組合股票、債券、基金、

外匯等金融商品與個股的配置，提高投資的預期成果，因此也可以說是「增加財富的戰略藍圖」。

以具體的例子來說明投資組合，例如，A 先生領到 100 萬元的年終獎金，由於只是把錢存在銀行裡並不會增加什麼價值，他下定決心今年一定要好好理財。為了讓這筆資金到了晚年可以增加一倍，他研究的結果是以股票 40 萬元、政府公債 20 萬元、外幣 10 萬元、定存 30 萬元的比例，將資金分配到這四種金融商品，這就是 A 先生的個人投資組合。

▌為什麼投資組合如此重要？

接著讓我們一起來看看，為什麼投資組合如此重要。

即使我們可以對未來的經濟狀況做一定程度的推測，也沒有人可以斷言「之後一定會變成這樣」、「這家公司一定會賺」之類的話。然而，股票與債券的價格變動受到匯率和利率的影響極大，為了防範未然，將價值波動不同的多種個股與金融商品做組合配置是相當重要的。

什麼是「投資組合」？

投資組合就是……

 整理多種文件的檔案夾

 增加財富的戰略藍圖

A 先生的個人投資組合是……

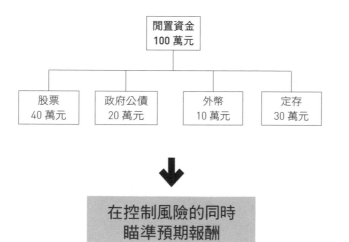

閒置資金
100 萬元

| 股票 | 政府公債 | 外幣 | 定存 |
| 40 萬元 | 20 萬元 | 10 萬元 | 30 萬元 |

在控制風險的同時
瞄準預期報酬

試想一下股價的波動，假設未來台幣升值。台幣升值就表示台幣的價值上漲，原本是 1 美元等於 35 元新台幣的兌換匯率，變成了 1 美元兌換 30 元新台幣的狀況。

當台幣升值時，把商品賣到海外換回台幣時會造成利益減損，因此對出口企業而言，屬於利空題材，可能會造成股價下跌。然而，對進口企業而言，因為是從國外買進商品，可以便宜買進，使得利益增加，所以屬於利多題材。我們可以看到，即使同樣是台灣的企業，也可能因為匯率的變化造成完全相反的未來展望。

利率變動時造成的影響因企業而異，如果利率上升，需要在設備投資上耗費資金的公司，就會因為利息的負擔變重，使得業績陷入困境，股價就有可能下跌。然而，如果是不需要在設備投資上花費太多的公司，則幾乎不會受到影響。

也就是說，**縱使匯率和利率變動，為了盡可能不受到負面影響，有必要將投資標的分散配置，此時，展現整體資產的投資組合就相當重要了。**

積極的組合管理 vs 指數型投資

在投資組合的實務運作上，以「積極的組合管理」與「指數型投資」為兩個具代表性的投資方法，我們先來了解兩者之間的差異何在。

負責資產管理的專業人士，也就是投資信託公司或投資顧問公司的實際操作者，必須隨時留意自己正在操作的商品整體（即投資組合）狀況以進行買賣。這些專業人士一般稱為投資組合經理人或基金經理人。

積極型的投資組合經理人，會頻繁買賣多支股票或債券，以追求高於市場平均值的績效為目標。

所謂的市場，指的是大盤指數，如果績效無法經常超越代表大盤整體表現的指數，買進基金的投資人是不會滿意的。因此，積極型的投資組合經理人為了在短期間求得績效，就會頻繁地進行交易。

如上所述，靠著投資組合經理人的本領進行股票、債券買賣以獲得報酬，這就是「積極的組合管理」。

積極的組合管理基金可以帶來一時性的優異表現，但由於投資組合經理人交易量頻繁，交易成本跟著增加，結果也會造成投資人的利益虧損。而且，積極的組合管理基金通常也要投資人支付較高的手續費。

　　另一方面，指數型投資則是以與大盤指數同幅度波動為目標而進行的一種分散式投資方法，主要代表就是指數型基金。這在一些銀行與證券公司都有販售，可能有不少人都聽過這項商品。由於這類基金的價格（基準價格）設定是機械式地與股價指數連動，所以手續費通常會比積極的組合管理來得低。

▌分散投資的好處有哪些？

　　如果世界上只有「積極的組合管理」與「指數型投資」這兩種投資方法，巴菲特一定會毫不猶豫地選擇後者。他曾經說過：

　　即使是對投資完全沒有常識的投資人，只要定期投資指數型基金，績效還是足以打敗大多數所謂的投

資專家。

所以，對於不想冒太大風險，或是沒有時間仔細閱讀企業的財務報表，或是長期而言只想獲取與市場平均值差不多績效的投資人而言，指數型基金是不錯的選擇。

買進指數型基金，意義就跟投資人在市場上買進大量各業別具代表性的個股是一樣的。

當某支個股下跌，並不代表同時期所有個股也會跟著下跌。上漲個股的獲利可以彌補下跌個股的虧損，這就是買進指數型基金，分散投資的好處。投資組合裡包含的成分股越多，分散投資的效果就越好。

想藉由投資獲得大量利潤，不能小看花費在這上面的時間與精力，然而，在人生與日常生活中，除了投資以外還有其他該做的事，因此，**明快地運用分散投資、降低風險以求得接近平均值績效的指數型投資基金，也是巴菲特認同的一種投資方式。**

話雖如此，**巴菲特自己卻是採行積極的組合管理與指數型投資以外的第三種方法——「核心投資」。**

簡單地說，就是集中投資在那些長期下來能產出優於指數報酬的個股的投資組合，我們將在下一節更詳細介紹這個部分。

「積極型投資」與「指數型投資」的差異

	指數型投資	積極型投資
投資判斷	不需要（與指數連動）	需要
可投資的主要商品	指數型基金、指數股票型基金等	積極型基金等
風險	相對較低	相對較高
成本	相對較低	相對較高

22

巴菲特用「核心投資」
增加財富

▌ 揭開巴菲特的投資組合

　　相較於機械式分散投資的指數型投資，巴菲特建議的
「核心投資」更適合只想投資少數精選個股的積極型投資人。

　　讓我們先來看看巴菲特的投資組合吧，巴菲特經營的波
克夏的投資組合如下頁圖表所示。儘管這個投資組合的市價
總值高達 1,705 億美元，主要的個股卻只有 15 家公司，而
且持有時間都長得驚人。其中，可口可樂、美國運通等都是
本書中多次提到的個股。

　　當今所謂的金磚四國（BRICs）——巴西、俄羅斯、印

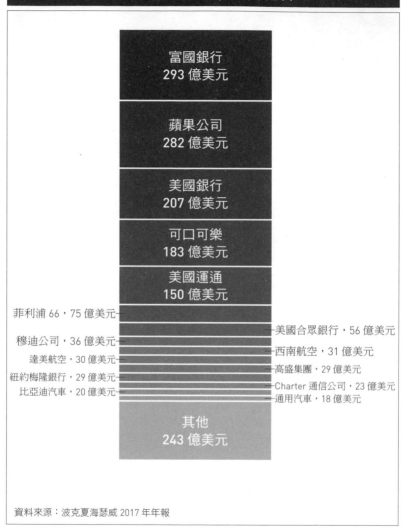

這就是巴菲特的投資組合

富國銀行
293 億美元

蘋果公司
282 億美元

美國銀行
207 億美元

可口可樂
183 億美元

美國運通
150 億美元

菲利浦 66，75 億美元
美國合眾銀行，56 億美元
穆迪公司，36 億美元
西南航空，31 億美元
達美航空，30 億美元
高盛集團，29 億美元
紐約梅隆銀行，29 億美元
Charter 通信公司，23 億美元
比亞迪汽車，20 億美元
通用汽車，18 億美元

其他
243 億美元

資料來源：波克夏海瑟威 2017 年年報

度、中國的經濟發展備受矚目，一般認為，這些國家的成長力道將遠遠超過美國和歐洲等先進各國。從這樣的世界經濟發展腳本來看，巴菲特認為，除了美國的公司，在他的投資組合裡加入一些亞洲企業應該也不錯，根據報導，他對日本的公司也很有興趣。

隨著時代趨勢提高投資組合的報酬率，幾乎是每個投資組合經理人都會做的事，**但巴菲特的投資組合的特徵是，一旦認定是好的個股，就會集中投資，這就是「核心投資」。**

一般認為，只要盡可能分散持有個股或金融商品，就可以降低風險。可是巴菲特卻認為，**持有許多沒有經過仔細調查的個股，風險反而比較高。**

▌ 核心投資的五大成功法則

接著，讓我們來看看核心投資的主要特徵有哪些。這裡引用《巴菲特勝券在握的 12 個原則》書中的一段內容作為參考。

「核心投資」與「分散投資」的差異

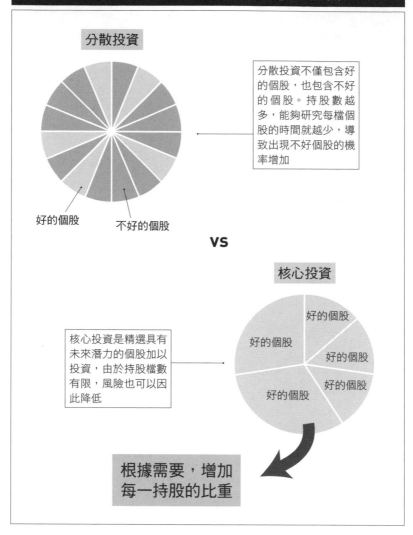

分散投資

好的個股　　不好的個股

分散投資不僅包含好的個股，也包含不好的個股。持股數越多，能夠研究每檔個股的時間就越少，導致出現不好個股的機率增加

vs

核心投資

好的個股
好的個股
好的個股
好的個股
好的個股
好的個股

核心投資是精選具有未來潛力的個股加以投資，由於持股檔數有限，風險也可以因此降低

根據需要，增加每一持股的比重

1　找出表現優異的公司

　　所謂表現優異的公司，指的是那些業績長期維持穩定、經營者誠實面對股東的公司。前幾章談到巴菲特的選股原則，都是找出這類公司的方法。只要運用方法，找出表現優異的公司，就能找到適合長期持有的績優個股。

2　投資個股檔數越少越好

　　對於已經習慣分散投資思考模式的投資人而言，可能會對這一點感到不太白在。巴菲特的核心投資概念受到費雪相當大的影響，費雪認為，與其分散投資在許多自己不太熟悉的企業，還不如集中投資在自己相當了解的少數企業比較好（參見第 105 頁）。

　　巴菲特也曾經說過，雖然對完全沒有投資概念的投資人來說，指數型基金是不錯的選擇，但是對股票投資有一點經驗與相關知識的人而言，核心投資是更好的方式。因為只要具備一定程度的相關知識，找出表現優異的公司，精選個股，就能架構出成功的投資組合。

3 提高命中率

巴菲特的投資原則之一，是只鎖定那些他確信會投入自有資金至少10％的公司。每檔個股配置10％的資金，表示持股不會超過十檔以上。

然而，巴菲特所謂的核心投資，並非找出十檔績優股之後平均分配資金，他篩選出的個股當然也會有優劣之分，因此相對優異的公司就應該投入較多的資金。

4 耐心地長期持有

找出那些至少可以持有五到十年的績優個股。巴菲特曾經說過，買進股票應該以「終生持有」為原則，買進那些馬上就打算賣掉的個股是愚蠢的行為。

然而，如下一節要介紹的，如果發現更好的公司，或企業的經營方針有所改變，投資人就有必要重新檢視投資組合，調整投資組合。

5   不因股價的變化而陷入恐慌

　　股票市場經常在變動，但優秀企業的股價遲早會上漲，所以沒有必要跟著市場波動而心情起伏不安。

　　巴菲特對於股票市場的動態幾乎毫不在意，他曾經說過：

　　在我心中有著不為漲跌所動的鎮靜，因為我就是和那些相信沒什麼好怕的人們一起成長的。

　　事實上，他的事業夥伴蒙格也是完全不受股價影響的人，**因為比起股價的波動，更重要的是建構高品質的投資組合。**

核心投資的黃金法則

1. 集中投資在擁有卓越經營者的優異公司

2. 投資個股檔數越少越好，最好不要超過 20 檔

3. 分配較多資金在表現優異的公司

4. 找出至少可以持有 5 到 10 年的個股

5. 即使股價波動也應該長期持有

資料來源：《巴菲特勝券在握的 12 個原則》

23 　　　　　　　　如何調整投資組合？

▌ 巴菲特決定汰換投資組合的時機

由於巴菲特的投資法是以「終生持有」為原則，所以他對於投資組合的調整相當慎重。正如本書第 82 頁提到的，一直反覆買賣股票會造成手續費和資本利得稅金的增加，抵銷了「複利效果」。

可是，買進之後就這麼放著不管好嗎？

當然不是。巴菲特在買進股票之後還是會繼續研究這家公司，同時也會留意那些還沒買進的潛在標的。只要符合以下條件，他就會進行成分股的汰換：

1　發現新的績優個股時

2　現有持股已經不再符合當初設定的基準時

3　事後發現自己先前的決策有誤時

在這種情況下，巴菲特是怎麼做出汰換投資組合的決定呢？

首先，發現新的績優個股時，手上的現有持股會是很有用的判斷資料。也就是說，新發現的個股必須與現有持股一一比較，只有當新的個股更加符合自己的投資哲學時，才進行個股的汰換。除此之外，投資組合應該維持不變。

在比較兩檔個股時，應該採行與當初選股時完全一樣的基準：事業是否簡單易懂、企業的未來展望好不好、經營者是否誠實面對股東、股價與企業價值相比是否被低估了……一一對照這些標準檢視，如果很明顯是新的個股占上風，那麼就來到巴菲特認為應該汰換的時機了。

何時應該汰換投資組合？

1 發現新的績優個股時

發現新的績優個股時，應該與現有持股進行比較，並選擇較為符合選股基準的個股。

---

2 現有持股已經不再符合當初設定的基準時

當公司改變經營方針或事業內容，導致不再符合當初選股的基準時，就應該拋售持股。

---

3 事後發現自己先前的決策有誤時

事後才發現當初買進某檔個股的判斷並不正確，例如，沒有注意到這家企業不具備相對優勢卻誤判買進，就應該出脫持股。

符合以上 3 種情況時就要進行投資組合的汰換，除此之外則以「終生持有」為基本原則

▍巴菲特決定「賣出」的時機

此外，只要一發現現有持股已經不再符合當初設定的基準時，巴菲特就會毫不猶豫地賣出持股。

不管當初買進時是多麼優秀的企業，隨著時間的更迭，情況也可能會有所變化。例如經營者改朝換代，導致經營方針改變，或是大環境的改變，造成核心事業已經不合時宜等，這些情況都有可能發生。當巴菲特察覺到這類變化時，就是賣出的時機。

另外，當他發現自己先前的決策有誤時，也會出脫持股。

本書第 147 頁介紹過的全美航空就是一例，還有，明明是大宗商品事業，卻誤以為具有相對優勢，或誤判具有高收益力……發生這些情形時，巴菲特的做法就是盡早拋售持股。

如果沒有符合以上這三種情況，就應該以「終生持有」為基本原則。

CHAPTER 6
實踐巴菲特
投資法

24　如何發掘巴菲特概念股？

▎解讀時代的大趨勢

為了追求財富的增加，解讀時代的變化相當重要。我們雖然都不喜歡變化，然而，沒有變化就沒有機會可以把握。

例如戰爭或天災發生，或是某家企業開發出新的技術等等，世界往往會發生各式各樣的變化，而隨著這樣的變化，利率、匯率、股票的價格都會跟著波動。因此，為了及早發現變化的徵兆，正確地解讀變化對於世界將有什麼樣的影響，是非常重要的。

那麼，若要找出股價會上漲的公司，應該注意哪些變化

呢？最重要的就是懂得解讀時代的大趨勢。因為一旦時勢改變，從事符合時代潮流事業的企業，其價值自然也會跟著提升。

也就是說，要實踐巴菲特投資法，首先必須了解國家經濟的結構。我們未來將成為什麼樣的國家？第一步就是在這個變化的過程中，找出能夠從中獲得價值提升的企業。

▊ 找出在大趨勢中價值提升的企業

到 1990 年為止，日本的勞動人口每年都在持續增加，大量生產、大量消費、大量出口使得當時的經濟開始發展。儘管日本是個資源貧乏的國家，但因為人口的增加得以確保廉價且優秀的勞力，並以此為原動力，不斷提升在國際上的競爭力，賺進不少外匯。

然而，進入 1990 年代後，以往的發展模式不再適用，由於設備投資過度，虛耗掉許多企業的體力，借款變成負擔，以致不良債權增加……造成所謂的泡沫經濟破滅，國家開始進入低利率與通貨緊縮的嚴苛時代。今後在少子高齡化的演

變趨勢之下，以前那套大量生產、大量消費的發展模式已然行不通。

　　那麼，在少子高齡化的國家，未來會有哪些發展模式呢？我個人認為，「金融立國」、「智慧財產立國」、「品牌立國」這三點是值得思考的方向。

▍「金融」、「智慧財產」、「品牌」是關鍵字

　　「金融立國」就是活用金融資產讓國家變得更富裕。 在日本，光是個人部分就持有約當 1,500 兆日元的資產，全世界排名僅次於美國。雖說今後已經無法延用往日的發展模式，但既然擁有世界數一數二的金融資產，當然要好好利用。換句話說，透過投資世界各大市場，可以使國家或個人更加富裕。

　　當我們進一步剖析這 1,500 兆日元的詳細內容，發現存款的比例相當高，這一點相當可惜。因為與其把錢放在幾乎不會孳生利息的存款，還不如將錢投入股市，才有機會賺到更多收益。如果有越來越多人開始了解股票投資的本質，國

家就能蛻變成強而有力的金融大國。

還有一點就是近來特別受到矚目的**「附加價值」**。附加價值指的是「企業以向外購入的物品及服務為基礎，透過事業活動為其增加添附的價值」。簡單來講，假設企業買進100元商品，再以150元銷售出去，其中50元的價差就是所謂的附加價值。

為什麼增加了50元，產品還賣得出去呢？**這是因為它具有「智慧財產」及「品牌」的關係。**

富有新技術與創意的商品之所以能有較高的價值，是因為競爭對手無法模仿，這就是智慧財產的力量。而當商品名稱或企業名稱受到消費者青睞時，也可以擁有比其他產品高的價值，這就是品牌的力量。只要具備以上兩種力量，企業當然可以把100元的東西，用150元、甚至是200元賣出。

舉例來說，這幾年來日本鋼鐵商的股價大幅上漲，就是因為日本的鋼鐵已經產生了品牌效應。雖然最近中國的鋼鐵廠不斷增加產量，直追日本，但中國生產的鋼鐵卻沒辦法用來製造高品質的汽車。因此，各大車廠還是偏好採用世界最高技術所生產出來的日本鋼板。

25 從日常生活周遭發掘巴菲特概念股

▍找出和日常生活息息相關的個股

接著，本章將從日常生活的角度，介紹如何找出巴菲特概念股。

巴菲特在大街上找到一家又一家表現優異的公司，例如內布拉斯加家具賣場就是巴菲特在買進該公司股份前就經常光顧的店家，還有時思糖果與波珊珠寶等，也都是他在大街上發現的公司。

雖然講了這麼多例子，可能有很多人還是認為：「很遺憾，我自己身邊就是找不到這樣的好公司。」然而，不論是誰，

只要換個角度重新觀察日常生活中垂手可得的資訊，就能找出許多具有潛力的個股。讓我們以具體的例子來說明吧！

1 試著分析自己喜愛光顧的店家

各位有沒有固定每週或每月一定會去光顧的店家呢？不管是餐廳、美容院，還是百貨公司，試想自己經常光顧這些店家的理由為何。是因為經常推出新商品？東西好吃？還是店員的態度親切？……**那些會令人不由自主地經常光顧的店家，多半都有著能夠堅持一貫原則的優秀經營者。**

2 試著調查自己嚮往就職的公司

是否曾有公司讓你心想「像這樣出色的企業，真想在這裡工作看看」呢？好到令你想要去那裡上班的公司，可以說是自己心目中的理想公司，試著分析看看這家公司吸引自己的原因吧！

舉例來說，如果你只是很籠統地覺得「在這家公司上班好像很輕鬆」，那就試著調查看看公司的經營方針，找出為什麼會覺得工作輕鬆的原因。如果吸引你的是高額薪資，那就試著以自己的方法來調查看看，為什麼這家公司能付給員

工高額薪資？公司是靠著什麼樣的模式來賺錢的？

誠如我們在第二章說過的，股票投資就像是「讓自己的錢去公司上班」一樣。**如果這是一間棒到連你自己都想去上班的公司，應該就能安心地把錢交由他們管理運用。**

3 參考親朋好友的意見

光憑自己一個人所能獲得的資訊，想要找出好公司是很不容易的。如果要篩選出與日常生活密切相關的個股，親朋好友或身邊的人的意見也能作為參考。

例如，當你聽到母親說「我去逛了附近新開的家具行，有很多便宜且質感不錯的家具」，或是朋友告訴你「最近換了新的粉底，用起來感覺真的很不錯」，你就可以開始留意生產這些商品的公司。

從身邊的人那裡聽到的批評或意見，都是所謂的「口碑訊息」。**口碑訊息不同於企業發布的電視或平面廣告，由於它是從比較中立的角度來評論商品或服務品質，對投資人而言是相當寶貴的資訊。**

哪些商品最近頗獲大眾好評？在往來客戶的業界中，有哪些優秀的企業？在朋友之間的對話中，說不定也能發掘到優秀的企業。

4　從報紙及電視新聞中掌握資訊

當你在看電視新聞或報章雜誌時，有時候可能也會感到「這真是一家出色的公司」，這時，你可以試著檢視看看這些公司。

如果大家都已經在注意這家公司，我們就很難以低價買進股票，所以，刻意找出具有升值潛力的公司相當重要。例如，養成習慣瀏覽報紙上不太醒目的報導，找尋是否有令人眼睛一亮的公司；或是在看到的廣告中，檢視有哪些公司正受到矚目。**只要隨時隨地保持興趣，蒐集各種資訊，蒐集資訊的「天線」就會變得越來越靈敏，也就更容易找出那些優異的企業。**

以上列舉了四個具體方法，但發掘巴菲特概念股的機會，其實就潛藏在我們平凡至極的日常生活中。即使是相同的資訊，只要稍微改變一下看法，獲利機會早晚都會降臨。

從日常生活周遭發掘巴菲特概念股

和家人或朋友們閒聊，也能發掘到優秀的企業

由於他們能夠中立而客觀地評估這些公司和產品，這些「口碑訊息」，是很
珍貴的消息來源。

26 調查新發現
潛力股的五大步驟

▌如何篩選投資對象？

　　接著，我們將介紹從覺得「看起來不錯」的公司到確認
「應該可以投資」為止的五大步驟。即使是覺得巴菲特選股
法有點困難的讀者，只要利用本章介紹的步驟，也不會有什
麼問題。

1　詳閱企業網頁，了解事業內容

　　由於在大街上發現的公司，基本上大都是原本就已理解
的事業居多，可以說是已經突破第一道關卡。但是為了確認
是否可以作為投資對象，還是要從網站上檢視一下這是怎樣

的一家公司，至少可以先大致了解其事業內容。

　　行有餘力想要進一步調查的人，可以試著閱讀網頁上公開的財務報表。由於上市櫃公司必須公開事業內容、營運狀況、財務狀況等訊息，任何一家上市櫃公司都得製作這些報表。如果在企業網站找不到這些財報的話，在金融廳 * 的網站也可以找到。

　　此外，有些公司還會製作法人說明會使用的「公開說明書」，建議財報的初學者可以從這類簡報資料開始看起。因為相較於各類財報，這類型簡報資料的特色是在視覺上更容易了解，將企業的平均股價、事業概況與財務狀況等重點濃縮整理而成。

2　檢視股東權益報酬率，了解是否為了股東而經營

　　巴菲特相當重視企業的經營方針，即使是不懂企業經營的投資人，至少也應該先大致瀏覽企業網站上「經營者的話」

---

* 在台灣可以利用台灣證交所的公開資訊觀測站（http://mops.twse.com.tw/mops/web/index）。

之類的文章。從這當中可以多少了解其是否為理智的經營者、是否誠實面對股東、有著什麼樣的經營理念等等。同時，也可以試著閱讀報章雜誌上有關該經營者的專訪與報導。

此外，可以用來判斷企業是否為了股東而經營的指標之一，就是股東權益報酬率，由此可知企業利用股東的資金創造了多少利益。在投資理財相關雜誌或網站上大多有刊載各企業的股東權益報酬率，而在參考這個數據時，重要的是別忘了與同業競爭者比較。

3　檢視營業利益，了解是否穩定創造獲利

巴菲特留意的另一個數字就是營業利益。營業利益是用來表示該公司的本業創造了多少獲利，一般普遍重視經常利益甚於營業利益，經常利益不僅包含本業的獲利，還包括了不動產及股票等投資收益在內。但是，既然企業的成長力是由本業的獲利能力而定，巴菲特重視的當然是營業利益的數字。

只要參考企業財務報表之中的損益表，就可以知道營業利益。此外，由於投資理財雜誌通常會列出多年（包含歷史數據及未來預測）的營收及營業利益等數字，可以藉此檢視營業利益的走勢。

巴菲特常用的指標

企業價值

理論股價是由企業的資產價值、利益價值及成長價值合計得出，只要股價低於理論股價，則可以判定現在的股價相對便宜。

股東權益報酬率（ROE）

可以知道企業是否有效運用股東的資金以創造利益，該數值越高越好。

營業活動的現金流量

可以知道企業靠本業賺進多少現金，檢視的重點在於該數值是否為正數。

股價淨值比（PBR）

可以知道目前股價是每股淨值的幾倍，若少於一倍則代表相對便宜。

本益比（PER）

可以知道目前股價是每股淨利的幾倍，越低則代表越便宜。

每股盈餘（EPS）

可以知道每股賺進多少盈餘，該數值越高越好。

4　檢視現金流量，了解事業是否成功經營

縱然營業利益情況良好，還是有可能出現經營不善的狀況。例如，商品雖然熱賣且賺進不少利益，但如果庫存過多，還是有可能會導致現金不足的狀況。

若要判斷企業是否持有現金，可以檢查現金流量的數值。和一般家庭記帳簿一樣，「收入－支出＝收支結餘」就是現金流量。其中，用來表示本業營運收支狀況的稱為「營業活動的現金流量」，只要檢視該數值，就能得知企業經營狀況好壞，以及讓事業成長的體質（現金）強弱。

巴菲特認為，光是看現金流量可能還不夠，還要繼續計算扣除掉設備投資之後的金額（也就是「業主盈餘」，參見第 177 頁）。如果是已經讀慣了財報的人，能夠算到這個部分是最理想不過的，但是對一般投資人而言，首先應該是要養成習慣，**隨時檢查企業營業活動的現金流量是否為正數。**

營業活動的現金流量數字，可以從財務報表中的現金流量表得知，在一些投資理財雜誌上也會刊載。

5　檢查股價 K 線圖，了解股價表現好壞

　　盡可能以越低的價格買進績優股票是巴菲特投資的主要原則，所以想要實踐巴菲特投資法，當然絕對不能跳過這個原則。在買進屬意的公司股票之前，最好事先檢視現在的股價水準，以及過去三個月到一年之間的股價表現。

　　至於股價的走勢，只要查閱股價 K 線圖就能一目瞭然。在「Yahoo! 股市」（http://tw.stock.yahoo.com/）等入口網站可以輕易找到相關圖表，最好事先設定買進的價位區間。

　　不過，巴菲特也曾經說過，只要確認是優秀的企業，就別受股價左右，應該要勇於買進。

———————

　　只要能徹底執行以上五個步驟，就能踏上實踐巴菲特投資法的第一步了。如果行有餘力能進行更細部的計算，可以照著第 4 章介紹的內容更進一階。

從股價、企業基本資料到 K 線圖,全都一覽無遺

資料來源:http://tw.stock.yahoo.com/

成為富豪的
投資哲學養成方法

▊ 隨性的投資法是無法為你帶來幸福的

正如船隻的航行必須仰仗羅盤，股票投資也需要某種指針的引導。因為如果不依指針引導，很容易就會受到「市場先生」（參見第 85 頁）的誘惑而輕易地搖擺不定。這裡所說的指針，是指投資的判斷依據，也就是所謂的「投資哲學」。

偉大的投資家都有一套自己的投資哲學。巴菲特當然不用說，其他世界知名的投資大師，如喬治·索羅斯（George Solos）、吉姆·羅傑斯（Jim Rogers）等，都是根據自己獨特的投資哲學不斷地累積資產。

假設各位打算從現在開始實踐巴菲特投資法，如果獲利的話，就沒什麼問題；萬一很遺憾地發生損失的話，該怎麼辦？股票投資無法保證永遠獲利，事實上，就連巴菲特也都有過幾次損失的經驗。

這個時候，如果沒有指針來指引方向，就無法理解「為什麼會虧損」，也找不出失敗的真正原因。照這樣下去，就算一再地虧損，也無法停止重蹈覆轍。儘管知道大多數的投資家都是依據自己的指針來做投資的決策判斷，但一般投資人還是習於囫圇吞棗市場上的各種消息來進行實際操作。

像「虧錢是不幸，賺錢是走運」這種隨性的投資法，再怎麼持續下去也無法累積財富。為了不被經濟動向及股價波動所左右，各位必須從現在就開始架構一套屬於自己的投資哲學！

▎寫下你的投資信念

架構投資哲學最簡單的方法，就是試著把你對於投資的信念寫在紙上。然後只要一有時間就反覆閱讀。

常聽人說，想要實現夢想，最好先將夢想寫下來，投資哲學也是一樣的道理。在寫下投資信念的過程中，這些想法會變得更明確，並且和具體行動連結在一起。而且，藉此也能清楚明白自己的想法與其他投資家的差異所在，為將來成為真正的投資家做好鋪路的工作。

　　在書寫的過程中，或許會因為缺乏足夠的投資經驗而不知該寫些什麼。在這種時候，可以先想想自己為什麼會想要從事股票投資，並試著寫下來。是單純地想賺錢？想籌措兒童管弦樂團的資金？還是想支持那些上市公司的各項活動？這些就是你的投資目的，接著再進一步思考為了實現這些目的應該要做些什麼。

　　架構投資哲學還有另一種方法，就是參考投資大師們的思考方式。巴菲特也是拜讀了葛拉漢的著作《智慧型股票投資人》與費雪的《非常潛力股》之後，參考這些想法，逐漸完成自己獨創的投資哲學。

　　坊間關於股票投資的書多如牛毛，建議各位先試著從偉大投資家的經典著作中挑選幾本閱讀，讀到心有同感之處，一開始只是模仿也沒關係。只要不斷接收各方卓越的想法，就可以逐漸摸索出一套屬於自己的投資哲學。

▌持續改良你的投資哲學

投資哲學並不是一旦確定了，就再也不能改變，而是應該保留必要時可以修正與不斷進化的彈性空間。

例如，費雪有所謂的「三年定律」哲學，他認為投資的個股到開花結果至少得花上三年時間。因此，當他受託管理資產時，會希望客戶給他三年自由運用的時間。不過，後來他自己違反了這個哲學，三年不到就將業績不振的公司股票先行出脫了。

巴菲特也曾有過投資哲學的修正期。以前他會在大街上找出那些獲利能力下滑的企業並逢低買進，波克夏的纖維事業就是典型的例子，當時他的投資哲學是買在股價越便宜的時候越好。可是後來他聽了蒙格的建言之後，就修正了他的投資哲學，只要是投資卓越的企業就值得付出合理的代價。

即使是世界一流的投資家，都還會保留像這樣修正的彈性空間，可見得股票投資是一門多麼深奧的學問。

▌投資理財切忌淪為一陣風潮

　　日本到目前為止曾有過好幾次投資熱潮，例如 1985 年的積極投資理財風潮、1990 年代泡沫經濟初期的投資風潮、1996 年金融大改革時的投資風潮等，當時股市及投資相關的書籍本本暢銷熱賣，各種論壇及講座也都盛況空前。雖然曾有過這樣的風潮，但股票投資在日本尚未扎根也是不爭的事實。

　　現在，股票投資將再度成為風潮，而這次會像之前一樣、股票投資終究淪為一陣風潮，還是從此固定成為投資理財的工具之一，端視每一個投資人的行動而定。

　　切忌因為流行、因為朋友們都在買、因為不想錯過這樣好康的機會……等理由而開始股票投資。應該效法巴菲特投資法這種腳踏實地的做法，從發展自己的投資哲學開始。10 年、20 年後，說不定就能像巴菲特一樣，坐擁財富與幸福兼得的人生。

　　藉由本書希望能拋磚引玉，只要讀者中多出現一位如上所述的投資者，沒有比這一點更能讓作者我感到喜悅的了。

BIG 412

巴菲特投資攻略圖解：
實踐巴菲特投資法的最佳入門【暢銷 15 年經典版】

作　　者－三原淳雄
譯　　者－蕭仁志
資深主編－陳家仁
編　　輯－黃凱怡
企　　劃－藍秋惠
封面設計－賴維明（雨城藍設計事務所）
內頁排版－李宜芝

總 編 輯－胡金倫
董 事 長－趙政岷
出 版 者－時報文化出版企業股份有限公司
　　　　　108019 台北市和平西路三段 240 號 4 樓
　　　　　發行專線－ (02)2306-6842
　　　　　讀者服務專線－ 0800-231-705・(02)2304-7103
　　　　　讀者服務傳真－ (02)2304-6858
　　　　　郵撥－ 19344724 時報文化出版公司
　　　　　信箱－ 10899 臺北華江橋郵局第 99 信箱
時報悅讀網－ http://www.readingtimes.com.tw
法律顧問－理律法律事務所 陳長文律師、李念祖律師
印　　刷－勁達印刷有限公司
初版一刷－ 2007 年 7 月 2 日
二版一刷－ 2014 年 2 月 24 日
三版一刷－ 2018 年 8 月 10 日
四版一刷－ 2023 年 3 月 10 日
定　　價－新台幣 350 元
（缺頁或破損的書，請寄回更換）

時報文化出版公司成立於一九七五年，
並於一九九九年股票上櫃公開發行，於二〇〇八年脫離中時集團非屬旺中，
以「尊重智慧與創意的文化事業」為信念。

巴菲特投資攻略圖解：實踐巴菲特投資法的最佳入門 / 三原淳雄作；蕭仁志譯 . -- 四版 . -- 臺
北市：時報文化出版企業股份有限公司 , 2023.03
240 面；14.8 x 21 公分 . -- (Big；412)

譯自：お金持ちになるためのバフェット入門

ISBN 978-626-353-438-4(平裝)

1. 投資

563.5　　　　　　　　　　　　　　　　　　　　　　　　112000164

OKANEMOCHI NI NARU TAME NO BUFFETT NYUMON
by MIHARA Atsuo
Copyright © 2006 MIHARA Atsuo
Illustrations © 2006 IKAWA Yasutoshi
Chinese (in complex character only) translation copyright © 2007 by CHINA TIMES PUBLISHING COMPANY
All rights reserved.
Original Japanese language edition published by Diamond, Inc.
Chinese (in complex character only) translation rights arranged with Diamond, Inc.
through THE SAKAI AGENCY and BARDON-CHINESE MEDIA AGENCY.

ISBN 978-626-353-438-4
Printed in Taiwan